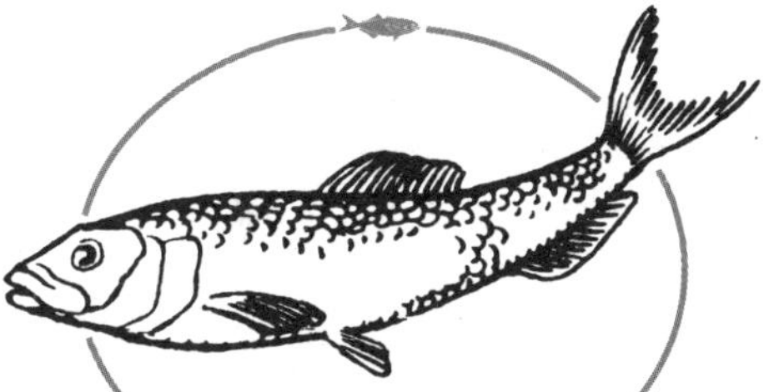

101 RÈGLES D'OR *pour* LA PÊCHE

Dans la même collection
101 expériences étonnantes à faire chez soi

Titre original : *101 Golden Rules of Fishing – wiles, wit and wisdom to inform and entertain*

Illustrations : Matt Pagett
Mise en page : Lindsey Johns

Traduit de l'anglais par Catherine Vaudrey

ISBN : 978-2-7029-0659-0

www.editions-tredaniel.com
info@guytredaniel.fr

NOTE
L'auteur et l'éditeur ne peuvent être tenus responsables
de l'application des conseils présentés dans cet ouvrage.

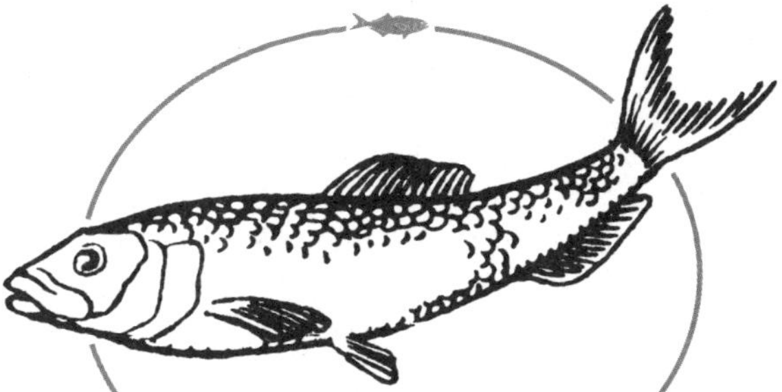

101 RÈGLES D'OR *pour* LA PÊCHE

Rob Beattie

Le Courrier du Livre
21, rue de Seine
75006 Paris

SOMMAIRE

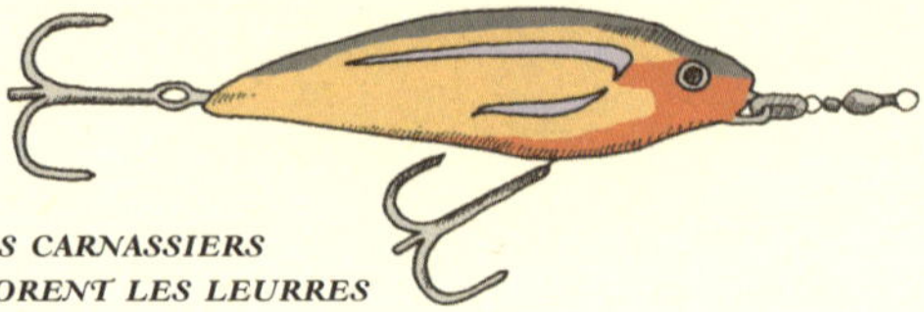

LES CARNASSIERS ADORENT LES LEURRES
– VOIR PAGE 46

RESPECTEZ L'ESPACE DES AUTRES PÊCHEURS
– VOIR PAGE 21

*C'EST À VOUS DE PRENDRE SOIN DU POISSON QUE VOUS PÊCHEZ – VOIR PAGE **116***

INTRODUCTION

Aimable lecteur, bienvenue aux ***101 Règles d'Or pour la Pêche****. Au nom de la direction, j'espère que vous aurez autant de plaisir à lire cet ouvrage que j'en ai eu à l'écrire. Entrez et asseyez-vous sans façon. Ce livre a été conçu pour y piocher ce qui vous plaît quels que soient l'endroit ou la manière retenus pour le lire.*

En premier lieu, débarrassons-nous de ce titre. Si vous lisez ce livre parce que vous pensez qu'il existe réellement 101 règles d'or pour la pêche et que je vais vous les révéler, alors vous allez être déçu.

Je vois bien que vous pensiez que ça serait le cas : c'est après tout un titre sans ambiguïté, à même de vous convaincre que l'auteur va dérouler une liste impressionnante d' « ingrédients essentiels » qui feront de vous un pêcheur à succès. Et je suppose que nous pourrions essayer d'y arriver.

La vérité, c'est qu'aujourd'hui il y a trop de règles à propos de tout, alors que nous n'avons besoin que d'un peu plus de culture et d'un peu moins de législation. Les gens éveillés et cultivés ont suffisamment de bon sens pour s'y retrouver dans à peu près tout et on devrait les laisser faire.

Par conséquent, je voudrais détourner l'attention des lecteurs vers un sous-titre qui pourrait être « Ruses et Sagesse d'un fou de pêche » car c'est là que repose le cœur du livre.

Règle 1 ✦ Prendre du poisson.

Règle 2 ✦ Traiter le poisson, l'environnement et les gens avec respect.

Règle 3 ✦ Allez à la pêche aussi souvent que vous en avez envie.

Règle 4 ✦ Vous voyez ? Il en reste encore 98 et je suis déjà à court.

Vous voyez ces drôles de petites touffes là où la rivière se rétrécit ? Ce sont les cheveux que se sont arrachés tous les pêcheurs frustrés qui se sont jamais assis sur ces rives, en rêvant à tout le poisson qu'ils allaient prendre.

PENSEZ-Y

Quelle qu'en soit la raison, je n'attrape pas beaucoup de poisson. Cela me laisse du temps pour penser, et puisque je suis si proche de l'objet de mon obsession, mes pensées tournent naturellement autour du poisson et de la pêche. Pourquoi un homme mûr voudrait-il continuer à pêcher ? Quel plaisir y a-t-il à pêcher ? Combien de fois peut-on arriver plein d'espoir et repartir bredouille ?

Ce livre est ma première tentative pour répondre à ces questions que je me pose depuis 35 ans, et c'est une tentative précaire mais peut-être utile. Ce n'est certainement pas un recueil de « tuyaux » – excepté celui-ci : si vous voulez des instructions, allez acheter un autre bouquin. Il existe des tas de livres et de magazines qui vous aideront à vous améliorer. Je comprends que vous vouliez prendre du poisson mais pour moi ce n'est qu'une des raisons d'aller à la pêche, et pas la plus importante.

LE VÉCU DE LA PÊCHE

Ce livre est rempli d'histoires que certains pêcheurs trouveront déplacées : des histoires de fantômes, de chance, de choses à pêcher qui ne sont pas du poisson, d'amis, de mythes, de chapeaux, etc. Ces histoires font partie intégrante du vécu de la pêche pour moi et sont aussi importantes que n'importe quel poisson.

Mes amis m'ont demontré que c'est parce que je n'attrape pas assez de poisson et que la terminologie de la pêche du XXIe siècle ne m'est donc pas familière. Exactement comme Mozart a été critiqué pour inclure trop de notes dans sa musique, ma façon de pêcher est critiquée parce qu'il n'y a « pas assez de poissons ». Non-sens – je suis sûr que j'en ai attrapé un l'année dernière.

Un jour de pêche typique pour moi – un coin tranquille, une seule canne, quelques rides inoffensives à la surface… et pas un poisson en vue.

Toutefois il y a plein d'histoires dont quelques-unes sont drôles, je l'espère. Et puisque c'est mon premier essai, il reste encore beaucoup d'histoires à raconter. Et plein de poissons à pêcher aussi.

Finalement, ce que j'essaye de dire c'est que chaque poisson a son histoire et voici les miennes. Vous pouvez les lire et vous en amuser mais si vous êtes mordu de pêche, et que cela donne du sens à un monde qui en a si peu par ailleurs, vous voudrez sûrement écrire votre propre livre un jour.

POURQUOI ALLER PÊCHER ?

Si on m'avait donné un centime chaque fois qu'on m'a demandé pourquoi j'allais pêcher, j'aurais assez maintenant pour m'acheter une glace. Ce serait une très grosse glace, mais il n'y a pas de quoi s'exciter. Ce n'est que de la pêche après tout.

J'avais l'habitude d'expliquer pourquoi j'allais pêcher, généralement à des fêtes. Et je pensais être devenu vraiment habile en adaptant mes réponses à chaque interlocuteur ; les mecs avaient la réponse « virile », la chasse, le muscle, la lutte, les conditions dures, la griffe et la dent et les femmes la réponse sensible, la contemplation, la réflexion, les promenades le long de cours d'eau tranquilles, le sens de la destinée, un peu Aragorn en anorak quoi.

Maintenant je sais en quoi j'ai péché : trop de détails. La minutie, la perfection a toujours été ma faiblesse. À présent je regarde le questionneur droit dans les yeux et je réponds que je ne sais pas vraiment, c'est juste quelque chose qu'on fait ou qu'on ne fait pas. Ils s'éloignent rassérénés, et je peux retourner à mes pensées pleines de poissons géants, d'appâts et de mini-friands.

RÉPONSES TOUTES PRÊTES

Si on veut à toute force vous tirer une réponse, il y en a des tas de toutes prêtes et de suffisamment convaincantes. Vous aimez le calme et la paix, vous sortez avec vos copains, vous pouvez emmener le petit et ça ne coûte pas grand-chose, ça vous éloigne de votre femme pour une journée (avec un sourire). Toutes les réponses sont acceptables mais aucune n'approche la vérité.

J'ai vu des gens traiter la pêche comme un sport quelconque, j'en ai vu consumés par la pêche à la manière d'une passion amoureuse, j'en ai entendu mentir à leurs partenaires, téléphoner au travail avec une voix faussement enrouée pendant que la rivière les accusait de son murmure en arrière-plan.

J'ai vu des gens faire la paix avec la pêche et y survivre, et j'ai vu quelques pêcheurs la transcender et en faire quelque chose de complètement différent bien qu'à l'occasion, ils pêchent encore...

COMPRENDRE

Après 35 ans de pratique je ne suis pas sûr de savoir où j'en suis ni pourquoi j'y vais. Je ne suis pas un naturaliste bien que je sache reconnaître un saule, un martin-pêcheur, une vache et un moustique et

Donc, laisse-moi comprendre... Tu restes assis là toute la journée et si tu prends quelque chose, c'est génial, mais si tu ne prends rien c'est génial aussi ?

pour quelqu'un qui passe autant de temps en leur compagnie, j'ai très peu appris sur les poissons et leurs habitudes. Je suis le pire prévisionniste météo que je connaisse, et je suis à peine compétent du point de vue technique, bien que j'aie un lancer décent et que je connaisse quelques nœuds.

Et pourtant « je pêche ». Je trouve ça parfaitement sensé. Et quand les gens me regardent comme si j'étais fou, je sais au fond de moi que ce sont eux qui sont fous.

Bien que ce soit sans aucun doute la raison pour laquelle la plupart des pêcheurs vont pêcher, prendre quelque chose n'est que la cerise sur un délicieux gâteau.

CAPRICES

Quand ce livre sera fini nous pourrions y aller ensemble. Il y a une petite rivière près d'ici, à peine plus qu'un ruisseau, et le mois de novembre n'est pas si avancé qu'un gars courageux ne puisse marcher et se réchauffer avec un café. Il y aura peut-être un gros poisson au coude de la rivière, là où elle s'élargit et semble reprendre souffle…

Moi ? Je m'assiérai près de vous et je regarderai. Nous pourrons bavarder puis je descendrai peut-être en aval pour voir si le vieux pont tient le coup et marcher sur les traces du bétail ; c'est toujours drôle si je ne tombe pas dedans. Je verrai où mes caprices me mènent. Qui sait ? Je ne pêcherai peut-être pas du tout.

LA CANNE

Les cannes à pêche sont des objets très personnels. Vous pouvez en prendre plusieurs parfaitement identiques et pourtant vous « sentirez » l'une d'entre elles. Chacune est légèrement différente, comme les clubs de golf (bien que les golfeurs n'aient pas la même subtile capacité d'appréciation que les pêcheurs).

Aux jours anciens des cannes en fibre de verre, les pêcheurs expérimentés recommandaient aux débutants d'utiliser une canne à action parabolique plutôt qu'à action de pointe. Cela semble toujours de bon conseil, bien que si vous voulez vraiment en avoir pour votre argent, le Système John Wilson Avon Quiver est une canne à pêche exceptionnelle. Elle comporte un scion pour la pêche avec flotteur et la pêche en plombée, plus trois scions pour la pêche au poser, un brin spécial pour l'allonger jusqu'à 3 ou 4 mètres, et suffisamment de puissance pour contrôler des poissons de 5 kilos ou plus. Une canne comme celle-ci est suffisante pour pêcher pendant les premières années, sans se préoccuper d'en acquérir plusieurs pour différentes sortes de poissons. Collectionner les cannes est une maladie que vous attraperez bien assez tôt.

Si vous débutez, une canne comme celle-ci, à plusieurs brins, constituera une excellente acquisition.

Bien sûr si vous avez à cœur un type particulier de poisson, vous pouvez essayer une canne légère de 4 m à 4,5 m avec un test de courbure d'une livre pour la pêche avec flotteur ou bien une canne plus solide de 3,5 m avec un test de courbure d'1 kg environ pour les carpes ou les brochets.

Ne dépensez pas une fortune pour une canne, au moins au début. D'excellentes cannes sont à des prix raisonnables et du moment que vous les achetez dans une enseigne reconnue, vous ne pourrez pas vous tromper.

TEST DE COURBURE

Qu'est-ce qu'un test de courbure ? Imaginez-vous tenant une canne munie de son moulinet et de sa ligne, et ajoutez du poids au bout de celle-ci. Quand la canne plie à 90°, vérifiez le poids que vous avez ajouté : c'est le test de courbure – que beaucoup de fabricants considèrent comme le meilleur moyen de tester son action.

LE MOULINET

Après la canne, le moulinet est la deuxième pièce la plus importante. Avec un soin minime (le remettre dans son sac) il durera des années. Quelle sorte de moulinet devez-vous donc acheter ?

À mes yeux, le moulinet à bobine fixe est l'une des choses les plus brillantes jamais inventées. Concevoir un moulinet circulaire, le tourner à 90°, le disposer de manière à pouvoir enrouler normalement et prévoir un simple mécanisme à ressort pour le déroulement et l'enroulement du fil relèvent du pur génie.

Les moulinets à bobine fixe sont les plus populaires et les plus pratiques pour tous types de pêche. Si vous lisez les notices techniques, vous découvrirez des merveilles technologiques destinées à accélérer la récupération et à empêcher le fil de s'emmêler, vous entendrez aussi beaucoup parler de paliers... Mon conseil ? N'achetez rien en dessous de 30 euros. Shimano fait d'excellents moulinets, j'apprécie toujours Mitchells et dans la gamme bon marché, les moulinets Okuma sont de bons investissements.

Prenez votre canne avec vous quand vous achèterez votre moulinet afin de sentir s'il est équilibré. Actionnez-le d'avant en arrière et s'il bouge légèrement d'un côté à l'autre, c'est qu'il n'est pas parfaitement équilibré.

Les moulinets à bobine fixe comportent des freins avant ou arrière afin d'ajuster la tension que le poisson peut exercer sur la ligne avant d'en prendre sur le moulinet. Si vous voulez prendre de la truite ou du brochet, vous entendrez parler de moulinets à freins à disque. Certains moulinets ont des bobines de grande capacité qui permettent de pêcher à grande distance. Un bon moulinet a une bobine de rechange et ça vaut la peine d'acheter un petit sac pour la conserver.

Un tuyau de plus : Ne surchargez pas la bobine, laissez un espace d'un millimètre environ au-dessous du bord, cela vous permettra de lancer sans faire de nœuds.

Parmi tous les moulinets disponibles, le moulinet à bobine fixe est le plus facile à utiliser et le plus polyvalent.

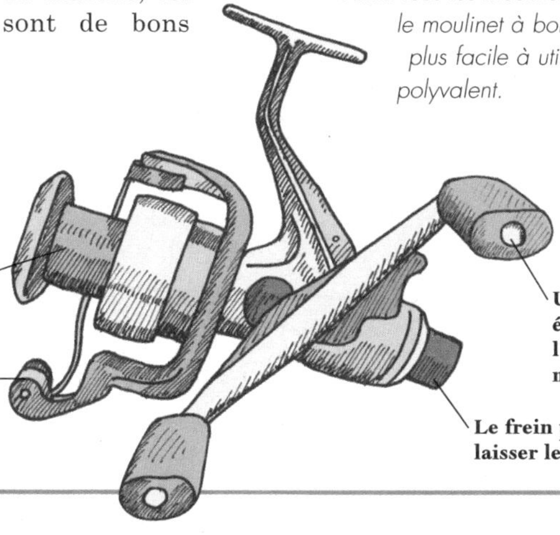

LE MATÉRIEL DE PÊCHE

Le pêcheur n'aime rien tant que de parler de son matériel, et vous pourriez probablement y dépenser jusqu'à votre dernier centime. Mais de quoi avez-vous réellement besoin ? Pensez-y et vous ferez moins d'erreurs.

Outre la canne, le moulinet et la ligne (voir pages 10, 11 et 39) vous aurez besoin d'une épuisette – du moins je l'espère. Les pêcheurs qui bougent beaucoup les préfèrent pliantes mais pour un usage normal, choisissez une épuisette triangulaire pour les gros poissons et une ronde pour les petits. Préférez les matières modernes aux vulgaires filets traditionnels.

Pour les petits poissons, un manche télescopique, facile à transporter, est votre meilleur atout. Pour les gros, ramenez l'épuisette vers vous jusqu'à ce que vous puissiez agripper le cadre et sortez le poisson de cette manière. Si vous pêchez sur des rives hautes, achetez un second manche plus long – rien de pire que de découvrir que vous ne pouvez pas sortir le poisson de l'eau car votre épuisette est trop courte.

Prévoyez aussi un tapis de réception et un quelconque sac de pesée afin de protéger le poisson. Pour être honnête, un grand sac en plastique humide fait aussi bien l'affaire, même si les très grosses carpes et les brochets méritent mieux. Vous aurez également besoin d'une balance. Je préfère les balances mécaniques qui ne nécessitent pas de piles. Pour mesurer le poisson, j'utilise un vieux mètre ruban qui ne risque pas d'endommager le poisson.

La boîte de pêche

Fierté du pêcheur, la boîte de pêche peut être une antiquité, un laboratoire portable, un repaire flottant ou un truc gratuit que vous avez eu avec un magazine. Peu importe de quoi elle a l'air, c'est ce qu'il y a dedans qui compte.

Je crois à la simplicité, aussi ma boîte ne comporte habituellement que les articles suivants :

- Un assortiment d'hameçons simples de taille 4 à 16 ;

De nombreux pêcheurs emportent pratiquement le contenu de leur maison et il n'y a rien de mal à ça, du moment que vous avez le dos solide.

- ✦ Une petite collection de bouchons traditionnels suffisants pour les eaux courantes ou dormantes ;
- ✦ Un assortiment de plombs pour lester les flotteurs ;
- ✦ Quelques plombs posés de tailles et de formes différentes (mon favori est toujours le plomb Arlsey) ;
- ✦ Quelques butées d'arrêt en plastique ;
- ✦ Quelques émerillons.

Voici mon attirail minimum – canne et moulinet, coussin gonflable, petit sac en toile et canette de bière.

Ce qui me manquerait si je la laissais à la maison c'est ma sonde : un plomb avec un peu de liège que j'attache à l'hameçon pour jauger la profondeur de l'eau. Pendant des années j'ai pêché sans et je réalise maintenant combien j'étais stupide.

Ajoutez des leurres et quelques morceaux de fil métallique, des bouts de tube en silicone et des stops bouillettes, et vous êtes prêt. Même comme ça vous pouvez regarder les pêcheurs à la mouche avec envie, car eux savent comment voyager léger.

Parapluies contre ponchos

Je parlerai ailleurs (page 78) de la tenue, des sièges et de la tente mais il est utile de mentionner les parapluies à ce stade. Je les considère comme un mal nécessaire ; supportables si vous avez l'intention de rester longtemps au même endroit, mais lourds et encombrants. En l'occurrence je préfère utiliser un simple poncho qui vous laisse les mains libres, que l'on peut empaqueter facilement et utiliser pour couvrir le matériel, s'asseoir, ou s'abriter.

Vos préférés

Il y a sans aucun doute des centaines d'articles que je n'ai pas mentionnés ici car je les considère inutiles ou trop spécialisés. Quand vous en viendrez à aimer la pêche, vous aimerez aussi certains articles plus que d'autres qui tiendront naturellement plus de place dans votre boîte de pêche.

TYPES DE PÊCHE

La pêche peut être un peu déconcertante pour qui commence. Déjà, il faut s'habituer à l'idée de passer des heures à essayer de prendre quelque chose pour le remettre aussitôt à l'eau, mais en plus, il s'avère qu'il y a différents styles de pêche et que chaque style a son attirail et sa technique. Voici tout ce que vous avez besoin de savoir sur les principaux types de pêche.

LA PÊCHE À L'APPÂT

La pêche à l'appât est probablement la catégorie la plus large puisqu'elle inclut la pêche à la carpe et au brochet aussi bien qu'au poisson d'argent. Elle nécessite une canne, un moulinet, une ligne, un bas de ligne pour maintenir l'appât au fond ou sous la surface, un hameçon et quelque chose sur l'hameçon que les poissons aiment. Vous pouvez pêcher à l'appât pratiquement partout et prendre toutes sortes de poissons.

La pêche à la mouche est ce que vous pouvez pratiquer de plus sophistiqué (au moins selon les pêcheurs à la mouche).

Dans les eaux dormantes l'appât reste au même endroit, mais dans le courant on peut lui permettre de se déplacer sous un flotteur ou bien l'animer. Bien que la pêche à l'appât soit plutôt statique, certains pêcheurs aiment à se déplacer, espérant trouver le poisson plutôt que d'attendre qu'il vienne à eux.

LA PÊCHE AU LEURRE

Ici l'objet de l'exercice est de prendre des poissons qui aiment manger d'autres poissons et donc de présenter quelque chose qui ait l'air faible et appétissant. Le matériel est tout aussi simple : canne, moulinet, ligne et leurre. On lance le leurre dans l'eau et on le ramène, en espérant que la combinaison de sa forme et de son mouvement convaincra les poissons carnassiers de se jeter sur l'hameçon. Il est rare d'avoir besoin de ferrer dans la pêche au leurre.

Les leurres sont de différentes formes, tailles, couleurs et textures, selon ce qu'ils imitent mais tous ont un hameçon, parfois plusieurs, dissimulés dans leur corps. Certains sont destinés à imiter des poissons particuliers et d'autres – qu'on appelle « cuillers » – attirent les carnassiers grâce à leurs éclats et leurs vibrations, évoquant des petits poissons bougeant dans l'eau. Ils peuvent être utilisés à différents niveaux dans l'eau, selon le genre de poisson que vous voulez prendre.

LA PÊCHE À LA MOUCHE

L'équipement est la simplicité même : canne, moulinet, ligne, un bas de ligne plus léger et un assemblage de laine, plumes, fourrure et d'autres petits riens liés autour d'un hameçon pour ressembler à un petit insecte. On peut utiliser les mouches pour pêcher la plupart des espèces (mon ami Sean a attrapé une fois une anguille) mais les proies habituelles sont la truite et le saumon.

Une fois que la mouche est lancée, on la laisse dériver dans le courant ou on la ramène de façon à attirer le poisson. Il y a des milliers de mouches toutes faites dans le commerce, mais beaucoup aiment créer leurs propres mouches et nous verrons cela aux pages 58 et 59.

La pêche à la mouche est plus exigeante que les autres types de pêche car, en l'absence d'un poids à l'extrémité de la ligne, vous vous servez du poids de la ligne elle-même pour lancer, un peu à la manière d'un fouet qu'on claque (les pêcheurs à la mouche s'arrachent les cheveux en ce moment mais il y a plus de détails aux pages 28 et 29).

Pêcher avec une grande canne

La grande canne ne comporte pas de moulinet et est destinée à pêcher de petits poissons. Dans ce style de pêche, la ligne est attachée à un bout d'élastique au bout de la canne, qui donne de l'amplitude quand vous fatiguez le poisson. On ramène celui-ci en enlevant une par une les sections de la canne. Bien que les cannes puissent être très longues (12 m), les bas de ligne sont très légers et délicats car on pêche directement sous l'extrémité. Cela implique qu'il n'y ait pas de vent. Les pêcheurs de compétition adorent les grandes cannes mais j'ai toujours trouvé ça un peu bizarre.

Elle peut ne pas vous paraître très convaincante comme insecte, mais du moment qu'une truite s'y laisse prendre, même la mouche la plus invraisemblable fait l'affaire.

LA PROIE

Jeune pêcheur, je pêchais toujours au petit bonheur la chance, mais aujourd'hui j'aime l'idée de pouvoir prendre un poisson particulier avec un peu de préparation, plutôt que de m'en remettre au hasard.

Mon ami Ray appelle ça « connaître sa proie », il est convaincu depuis des années que c'est la seule façon de pêcher, tandis que je n'y suis venu que récemment.

Je me suis toujours dit que pourchasser une espèce particulière signifiait ne prendre aucun autre poisson et que c'était du gâchis de leur fermer la porte. Pour moi c'est lié à l'intérêt intrinsèque de la pêche elle-même. En dépit de tout ce que j'ai écrit sur les vrais pêcheurs qui ne se mesurent pas au nombre de poissons qu'ils prennent, j'ai toujours eu le sentiment inverse. Je ne peux pas me relaxer si je n'ai pas pris quelque chose, peu importe que ce soit petit.

Un pêcheur moyen, déçu de ne pas avoir pris ce qu'il espérait, peut au moins en prendre son parti en prétendant être content.

DES COUPS DIVERS

Bien que nous ayons accordé nos violons, Ray et moi faisons toujours une paire de partenaires intéressants. Il est toujours préparé à chaque éventualité en rapport avec l'espèce qu'il vise et peut donc emporter deux cannes, deux moulinets, différentes longueurs de ligne, une boîte de flotteurs et de plombs, plusieurs hameçons, appâts, amorces, encore des amorces, trois repose-cannes, deux sièges et une demi-douzaine de chapeaux..., d'accord je plaisante au sujet des chapeaux mais vous avez saisi.

La dernière fois que je suis allé pêcher, j'ai emporté tout mon attirail dans une petite trousse qui tenait dans ma poche. Dieu merci, j'ai pris un barbeau à mon deuxième lancer, autrement j'aurais dû rentrer à la maison. Au moins, maintenant je sais ce que j'essaye de prendre et c'est un progrès. La prochaine étape sera de prévoir des techniques alternatives au cas où les miennes échoueraient mais je n'aime toujours pas cette idée.

DÉTECTIVE DE RIVIÈRE

Choisir un poste de pêche est en partie une question de métier et en partie une question de bon sens (voir pages 82 et 83). Mais ça ne fait pas de mal d'être un peu détective.

Étant donné que vous allez y passer beaucoup de temps, choisissez votre poste avec soin. Une place proche des bateaux amarrés peut avoir l'air tentant à 5 heures du matin quand tout le monde dort, mais il sera impossible d'y pêcher plus tard. De même ces empreintes de sabots conduisant à l'eau signifient que des animaux vont y boire et que vous courez le risque d'être piétiné, vous et votre matériel. Dommage d'ailleurs, car leurs sabots remuent la boue dans l'eau et attirent les poissons.

Pensez également au lever et au coucher du soleil et à la direction du vent, et vérifiez l'absence de panneaux tels que « Course de motos ici aujourd'hui ».

OCCUPANTS PRÉCÉDENTS

Comme tout bon détective, recherchez les signes indiquant que d'autres pêcheurs se sont trouvés là avant vous : feu de camp, appâts éparpillés, bouts de ligne ou mégots. Rangez avant tout. Je sais que vous ne devriez pas avoir à le faire et que ça vous rend dingue mais qui sait, ça vous portera peut-être chance.

Si d'autres pêcheurs ont été là avant vous, ce peut être de bon augure. Les pêcheurs négligents font du bruit, se fichent du poisson et de l'environnement et peuvent aussi bien jeter des pierres dans l'eau mais dans le cas contraire, avec des pêcheurs soigneux, le poisson peut être encore là. J'ai eu certaines de mes meilleures parties de pêche quelques heures après des concours de pêche, quand l'eau s'était calmée et que les poissons étaient revenus bouffer toute l'amorce répandue dans l'eau.

Qui a pêché dans mon trou ? Quelques minutes passées à fureter sur la rive peuvent faire toute la différence.

S'INSTALLER ET REMBALLER

De nombreux pêcheurs sont réellement impatients d'arriver au bord de l'eau. Vous le remarquez à la façon dont ils accélèrent, à la façon dont leurs pupilles se dilatent – si, si – à la vue de leur poste favori. Et c'est la même chose pour repartir, ils fourrent tout dans leur sac pour ranger plus tard. Tss, tss…

Avant tout, laissez-moi vous avouer qu'en certaines occasions, quand je suis pris de la frénésie de pêcher, je suis tout aussi mal élevé que n'importe qui : je me rue vers l'eau en écrasant tout sur mon passage, j'effraye le poisson à des kilomètres à la ronde avec un terrible boucan, je lance canne, moulinet et bas de ligne pêle-mêle, en espérant qu'ils tomberont à leur place.

C'est dingue, bien sûr. On devrait toujours prendre le temps de monter son matériel car cela permet de faire la même chose dans sa tête. C'est un point important si, comme moi, vous arrivez chargé de vos soucis et pas seulement de votre matériel.

Vérifications simples

Pendant que vous y êtes, assurez-vous qu'il n'y a pas de nœuds au bout de votre ligne, que votre moulinet fonctionne comme il faut et que le frein est réglé convenablement… Il n'y a rien de pire que de découvrir trop tard que vous allez rater une grosse prise car le frein est trop serré et le poisson ne peut pas prendre du fil.

Une fois que vous vous relaxez, un rythme merveilleux s'installe. Sortir la canne de son étui et la monter, plier l'étui, attacher le moulinet, couper le bout du fil et enrouler les restes autour de vos doigts pour les jeter plus tard à la maison. Enfiler la ligne dans les anneaux, attacher le bas de ligne ou le plomb, se préparer au premier lancer. Regardez un pêcheur se préparer et vous remarquerez l'économie et la précision de ses gestes, comme celles d'un joueur de guitare classique.

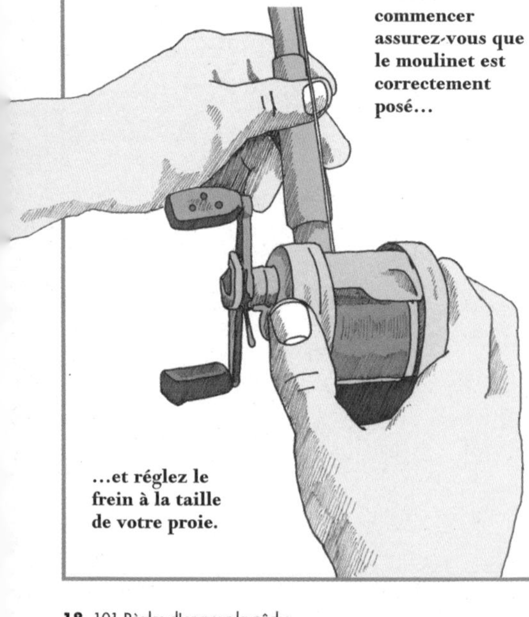

Avant de commencer assurez-vous que le moulinet est correctement posé…

…et réglez le frein à la taille de votre proie.

Le temps passé à monter correctement votre matériel est du temps économisé. Au pire, ça vous permet de vous préparer à la pêche.

Le temps s'inverse

Avancez jusqu'à la fin de la partie de pêche, et vous devriez accorder le même soin à l'emballage de votre matériel. À l'exception des échecs, la pêche est le plus absorbant des sports, aussi utilisez le temps que dure ce remballage pour reprogrammer votre cerveau pour la conduite. Vous remballerez d'autant mieux que vous aurez déballé avec soin car vous le faites littéralement dans l'ordre inverse et on dirait parfois que le temps lui-même s'inverse. Bien sûr, inutile de dire que vous êtes un bon citoyen – donc pas d'ordures, de bouts de lignes ou autres dangereux hameçons laissés derrière vous, merci beaucoup.

En voulant décrire mon amour de la pêche à quelqu'un, j'ai dit une fois : « J'adore tout ce qui concerne la pêche, y compris le fait de remballer pour le départ. » C'est peut-être triste mais c'est vrai.

Histoires de pêche

Interdit de pêcher

Je me souviens d'une rivière quand j'étais enfant. Pour y aller il fallait pédaler pendant une heure et demie le long d'une des collines les plus raides que vous ayez jamais vues (et donc remonter en haletant, le visage tout rouge) et ensuite le long de la vallée.

Dans la majeure partie de cette vallée, la rivière traversait visiblement une propriété privée, mais il y avait un bout d'un kilomètre et demi environ qui serpentait à travers des bois touffus et un garçon déterminé pouvait y cacher sa bicyclette et passer sous la clôture. Je n'avais pas beaucoup de matériel à l'époque mais il fallait lutter pour arriver au bord de l'eau, en rampant presque vers la fin.

Finalement le garçon a émergé des buissons et pilé en arrivant à cette chose devant lui, pointant hors de l'eau. Prête depuis toujours à avoir le dernier mot. Il s'est accroupi avec un grognement. Et a commencé à brosser les araignées dans ses cheveux.

BONNE CHANCE

Demandez à n'importe quel pêcheur qui s'y connaît un peu, et il vous avouera que la pièce la plus importante de son attirail de pêche, c'est son porte-bonheur. Les cannes ou les moulinets hors de prix, l'habileté, les appâts secrets, les meilleurs coins… ne servent à rien à côté du porte-bonheur à bord de la voiture ou même dans votre poche.

Ça m'est arrivé des tonnes de fois. J'ai passé toute la journée assis à mon poste de pêche, arrosant l'eau d'offrandes, lançant les appâts les plus succulents, les meilleurs morceaux que Dieu ait fait et je n'ai rien pris. Puis, en partant j'ai regardé un gosse bruyant et morveux, avec une canne vieille de 30 ans s'installer à ma place, et prendre un monstre absolu au premier lancer. Bien sûr, comme il n'avait pas l'équipement requis, j'ai fini par l'aider à ramener le poisson, le décrocher, le peser, le photographier, patauger dans le lac pour le remettre à l'eau et me faire asperger pendant que le gosse éclatait de rire. Une fois, un autre m'a demandé une clope et s'est assis après coup sur ma chaise avec un grand sourire, savourant ce dont je manquais : la chance.

LA CLÉ DU SUCCÈS

Vous pouvez oublier la science, l'expérience et les techniques si vous n'avez pas de chance. Les athlètes le savent. C'est la raison pour laquelle les joueurs de foot embrassent leurs doigts après avoir touché le terrain, sortent dans un ordre donné ou ne mettent pas leur maillot avant d'être effectivement sur le terrain.

Combien de fois la chance peut-elle vous favoriser est une autre affaire. Il paraît qu'il y a environ 10 000 trèfles à trois feuilles pour un seul à quatre feuilles, alors vous pouvez faire le calcul. Les chats noirs sont favorables aussi, mais c'est difficile de faire en sorte qu'ils croisent votre chemin sur commande (un ami à moi en a un en peluche dans sa voiture – je ne plaisante pas). D'autres jettent un galet dans l'eau avant de commencer, lancent une pièce, portent une croix en argent ou sifflent contre le vent.

Le *Guinness des Records* mentionne le détenteur d'un trèfle à 18 feuilles. On dit que le pêcheur qui l'a trouvé fatigue toujours le poisson le plus énorme qu'on ait jamais vu.

Si vous n'arrivez pas à en trouver un, vous pouvez toujours copier celui-ci pour les cas d'urgence.

POLITESSE

Il peut sembler étrange de parler de politesse dans le contexte de quelque chose d'aussi naturel que la pêche, mais c'est important. Si nous ne prenons pas garde aux sentiments des autres pêcheurs, comment pourrons-nous nous regarder dans la glace ?

Je ne devrais pas avoir à vous dire que ces flotteurs sont trop près. Gardez vos distances même quand les autres pêcheurs prennent du poisson et pas vous.

Dans l'ensemble, nous autres pêcheurs, sommes de bonnes pâtes, toujours prêts à rire et lents à nous mettre en colère. Même submergés par le malheur (pluies glaçantes, aucune touche et une procession de gosses qui demandent : « Alors ça mord, mon pote ? »), nous avons davantage tendance à répondre gentiment « Pas encore, fiston » qu'à grommeler et leur renverser une boîte d'asticots sur la tête. Il y a un code non-écrit de la pêche et en voici les gros titres.

Ne braconnez pas sur le poste de quelqu'un d'autre, même s'il prend du poisson et pas vous. Ça ne se fait pas et puis c'est clairement désespéré. Trouvez votre propre poisson. Tout ça est devenu plus compliqué maintenant que le matériel moderne permet de lancer de l'autre côté du lac d'un simple mouvement du poignet. Je suis régulièrement assailli par des pêcheurs depuis l'autre rive, mais ils se retirent promptement avec un hochement de tête embarrassé. J'aime à penser que c'est parce que je suis silencieux, mais en général c'est parce que je me suis endormi.

Envie de bavarder ?

Les pêcheurs aiment bavarder, mais si celui que vous approchez n'en a pas envie, laissez-le tranquille. Déchiffrer le langage du corps est important : si vous croisez d'autres pêcheurs accroupis derrière un buisson, en train d'allonger leur canne ou de répandre de l'amorce, il y a probablement une raison à ça et ils n'apprécieront pas que vous les interpelliez.

On peut emprunter occasionnellement une épuisette, un dégorgeoir ou taper d'une cigarette (seulement une). Si vous bavardez, on vous offrira peut-être une tasse de café, mais ne demandez jamais. Si vous visez le même endroit qu'un autre pêcheur, arrivé en même temps que vous, vous serez tenté de faire la course ; n'en faites rien. Rien de plus humiliant que deux pêcheurs corpulents, chargés de leur matériel, courant gauchement comme des hippopotames.

APPÂTS TRADITIONNELS

Malgré les soi-disant avancées de la science, les pêcheurs retournent souvent aux appâts traditionnels, quelquefois par nostalgie, quelquefois parce que ce sont simplement de bons appâts. Voici quelques-uns des meilleurs.

J'ai commencé avec de la pâte de pain – du pain de mie blanc, sans la croûte, mélangé à de l'eau froide pour en faire une pâte épaisse, que je pouvais envelopper dans un mouchoir et transporter dans ma poche. Le pain complet ne marche pas et je pense que c'est parce que les poissons ne peuvent pas le voir assez bien. J'aimais bien l'idée du pain émietté mais je n'ai jamais pu le faire tenir sur l'hameçon. La croûte du pain était réservée aux pêcheurs de carpe et était bien trop sophistiquée pour moi.

Avant que mon argent de poche ne soit suffisant pour les asticots, il y avait les vers à déterrer. Mon père faisait du jardinage pour une grosse maison du village et il me laissait venir avec lui et ratisser le compost à la recherche de vers de terre. J'ai attrapé de tout avec eux, y compris ma première truite. Un appât fantastique, les vers de terre.

Exotique

La pâte au fromage est également efficace, surtout pour les gardons. Nous avons découvert ce mélange exotique quand nous avons manqué de pain et que nous avons dû utiliser un demi-sandwich au fromage. Les fromages à tartiner marchent bien également, mais seulement dans les eaux dormantes car c'est trop glissant pour rester sur l'hameçon.

Les lombrics marchent vraiment bien pour les barbeaux, les chevaines, les carpes et les brèmes ; le chènevis est fantastique une fois qu'on a réalisé qu'il faut le cuire d'abord. Les asticots puent mais sont toujours gagnants, et le jour où j'ai découvert qu'ils s'étaient transformés en casters, ma déception s'est muée en joie quand j'ai vu quels champions c'étaient, odeur comprise. Par contre je n'ai jamais pigé les cocons.

À ce panthéon des appâts traditionnels j'ajouterai le maïs doux en conserve, et bien sûr, la viande en conserve qui m'a valu mes plus gros barbeaux et carpes. C'est cependant le seul appât que je ne porterai pas à ma bouche, avec les vers.

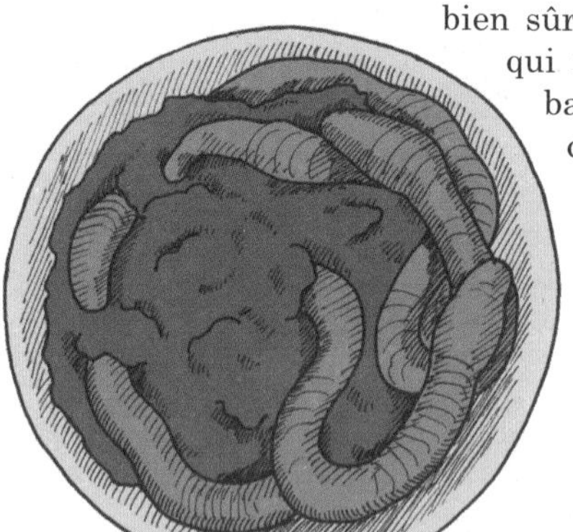

Les Américains les appellent « nightcrawlers », nous les appelons lombrics. Peu importe l'appellation, ils font de sacrément bons appâts.

NE LAISSER AUCUNE TRACE

Étonnamment – étant donné leur négligence, ce sont les campeurs et les randonneurs qui ont introduit cette idée – qu'on devrait laisser la nature telle qu'on l'a trouvée pour ceux qui suivent. Aux États-Unis on a en fait une doctrine – en fait, ça signifie seulement ranger.

Les purs et durs de la doctrine « Ne laisser aucune trace » suivent un code en sept points qui sont : planifier et préparer ; voyager et camper sur des surfaces durables ; disposer des déchets proprement ; laisser ce que vous trouvez ; minimiser l'impact des feux de camp ; respecter la vie sauvage ; et avoir des égards pour les autres visiteurs.

Il n'y a rien à y redire. Les défenseurs des animaux peuvent huer l'idée que les pêcheurs respectent la vie sauvage, mais nous comprenons l'importance de minimiser l'impact de la pêche sur l'environnement. La survie de ce sport en dépend.

Ranger

Ce n'est pas que ce soit difficile d'être un bon citoyen. Emmenez un petit sac plastique et rassemblez vos déchets. Ne laissez jamais de bouts de ligne sur la rive et si votre ligne reste accrochée dans un arbre efforcez-vous de la récupérer, surtout s'il reste un appât sur l'hameçon. À la maison, découpez-la en petits morceaux et jetez-la. Ne jetez pas de canettes ou de bouteilles vides dans l'eau, elles peuvent devenir des pièges très efficaces pour les petits poissons. Il y a sûrement une poubelle à proximité de votre voiture.

Quand vous pêchez, rappelez-vous que vous êtes l'invité de la nature.

Si vous voyez quelqu'un jeter des détritus n'importe où, ne risquez pas une altercation en intervenant, au lieu de cela résignez-vous à ramasser ses déchets après son départ.

S'il est permis de camper, des emplacements pour les feux de camp ou les barbecues sont prévus. Sinon prévoyez un camping-gaz ou la merveilleuse « Kelly Kettle » (voir page 26).

Quoi d'autre ? Si vous voulez créer un poste de pêche là où il n'y en a pas, ne le faites pas à coups de hache. Faites-le gentiment, ce sera plus difficile ainsi pour les autres pêcheurs de le repérer.

COMMENT LANCER

Les golfeurs peuvent parler sans fin de leur swing – comment ils l'ont développé, comment ils l'ont adapté à différentes conditions, comment il a changé au cours des années... C'est la même chose pour les pêcheurs et le lancer, sauf que nous, nous n'en parlons pas tout le temps.

Je me souviens bien de mes premiers lancers – la façon dont ma canne s'est écrasée dans l'eau à mes pieds, a magnifiquement volé droit vers le sommet des arbres de l'autre rive ou, encore plus embarrassant, s'est accrochée dans les buissons derrière moi.

Comme pour beaucoup de choses compliquées, l'art du lancer est simple : il faut propulser ce qui pend du bout de votre canne vers un point particulier de l'eau. Regardez quelqu'un qui sait comment s'y prendre et vous vous étonnerez de la grâce et de l'économie de ses gestes.

La meilleure façon de s'exercer au lancer, c'est tout seul et loin de l'eau (je suis sûr que même les poissons riaient lors de ma première sortie). Puisque la plupart des gens utilisent un moulinet à bobine fixe (voir page 11) nous nous concentrerons dessus, bien que je donne quelques conseils sur les autres moulinets à la page suivante.

COMMENT LANCER

Assemblez votre canne et votre moulinet et attachez un petit plomb au bout pour donner un peu de poids au lancer. Vous êtes prêt pour la phase 1 : lâcher du fil.

- Tenez la canne avec le moulinet par en-dessous.
- Tenez-la de votre main prédominante et gardez l'autre pour tourner la manivelle. Positionnez votre main avec deux doigts devant la tige du moulinet et deux doigts derrière ; vous tenez ainsi la canne et le moulinet fermement.
- Ajustez la longueur de la ligne de façon à ce que le plomb pende d'environ 30 cm du bout de la canne.

Relâchez l'ergot d'enroulage et enroulez votre index autour du fil.

Ramenez la doucement devant vous et lâchez la ligne.

Amenez la canne doucement par-dessus votre épaule.

Finalement pointez la canne vers l'endroit où vous voulez qu'aille l'appât.

D'autres moulinets

Bien que la plupart des pêcheurs utilisent des moulinets à bobine fixe découverte, vous pouvez en trouver d'autres.

- Bobine fixe capotée : c'est le même principe mais la bobine a un capot que vous repoussez pour lâcher du fil.
- Moulinet « spin-cast » : même principe mais il est installé sur le dessus de la canne et possède un bouton-pressoir pour lâcher la ligne.
- Moulinet à tambour tournant : un moulinet rond à l'ancienne pour pêcher au flotteur.
- Moulinet « bait-caster » débrayable : un moulinet de science-fiction, installé sur le dessus de la canne. Avec une grande réserve de fil et une grande puissance, il est pratique pour des lignes de 4,5 kg ou plus. Surtout utilisé pour la pêche en mer.

Un moulinet à bobine fixe capotée typique, principalement utilisé pour la pêche au leurre.

- Enroulez votre doigt autour du fil au-dessus de l'ergot d'enroulage et relâchez l'ergot.
- Laissez aller la ligne et le poids tombera jusqu'au sol.

Maintenant voici la phase 2 : le swing.

- Lâchez du fil de façon à ce que, quand vous tenez la canne en l'air, l'hameçon pende jusqu'au tiers de la canne.
- Enroulez votre doigt autour de la ligne et relâchez l'ergot d'enroulage.
- Saisissez la poignée de votre canne avec l'autre main et amenez-la au-dessus de votre tête de façon à ce que votre bras soit à 12 h.
- Balayez l'air de votre canne et ôtez votre doigt de la ligne quand votre bras est entre 10 et 11 h. Certains recommandent de le faire quand vous pouvez pointer de l'index l'endroit que vous visez. Je trouve ça pointilleux mais voyez si ça marche pour vous.

Phase 3 : différents swings.

- Certains pêcheurs tiennent la canne devant eux et la ramènent en arrière absolument droite, comme une épée de samouraï.
- D'autres l'inclinent sur leur côté dominant jusqu'à environ 45°.
- Si vous lancez sur une courte distance ou sous des arbres, il faudra vous exercer au lancer sous le bras – le truc est de tenir la canne à 10 h et de l'éloigner et la ramener en va-et-vient comme un pendule.

Pratiquez et ce sera parfait (ou presque). Vous ne verrez jamais de pêcheur, aussi expérimenté soit-il, qui ne rate pas quelquefois son lancer. Donc, ne vous en faites pas et continuez.

ÉLOGE DE LA « KELLY KETTLE »

Ne sous-estimez jamais le pouvoir d'une boisson chaude par un jour froid et morne. Elle vous revigorera et vous renverra à la bataille rempli d'énergie.

N'importe quel petit camping-gaz est de bonne compagnie sur la rive. Du café, du thé ou même du chocolat, sont de vrais remontants. Toutefois quand il s'agit de faire bouillir de l'eau, il n'y a que la bouilloire Kelly, un engin bizarre dont la conception inhabituelle remonte à plus de 100 ans. Utilisée à l'origine par les serviteurs de riches chasseurs et pêcheurs en Irlande, elle fonctionne sur le principe d'une cheminée centrale entourée d'une double paroi contenant l'eau.

INGÉNIEUSE

Enlevez le bouchon de liège et remplissez la boulloire d'eau. Allumez le feu dans la base amovible, après l'avoir positionnée de façon à profiter du vent. Ensuite posez la bouilloire dessus. L'eau bout beaucoup plus vite car les flammes s'élèvent jusqu'en haut de la cheminée. Rajoutez n'importe quel combustible dans la base pour alimenter le feu : brindilles, feuilles sèches, pommes de pin. En hiver, quand tout risque d'être humide, je me sers de bandes de cartons de lait et de jus d'orange.

Quand l'eau bout, vous verrez la vapeur sortir par l'orifice. Soulevez alors la bouilloire par sa poignée, servez-vous du bouchon de liège pour l'incliner et versez l'eau. Gardez un peu d'eau pour éteindre le feu et éparpillez les cendres.

Vous devrez prendre quelques provisions avec vous, mais une fois que vous en aurez fait l'effort, vous ne voudrez plus revenir à un thermos ordinaire.

La bouilloire Kelly est l'accessoire rêvé pour les bords de rivière. Faites attention aux flammes qui peuvent monter très haut et vous brûler les sourcils.

MENU FRETIN

En dépit de ce qu'on vous dira ou de ce que vous lirez, tous les pêcheurs prennent du menu fretin de temps en temps. Celui qui vous raconte le contraire est un vous-savez-quoi.

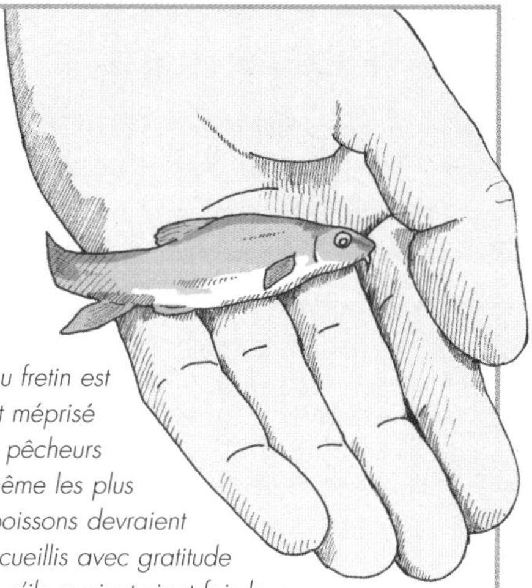

Le menu fretin est souvent méprisé par les pêcheurs mais même les plus petits poissons devraient être accueillis avec gratitude comme s'ils avaient vingt fois leur taille. Continuez à pêcher et un jour ça vous arrivera.

La fin est comme le commencement… ou quelque chose comme ça. Au début de nos vies de pêcheurs nous prenons plus de petits poissons que de gros, et bien qu'avec les années nous croyions pouvoir prendre tout ce que nous voulons, l'âge d'or prend fin trop vite. Voici venir le gâtisme avec ses mains maladroites et ses réflexes lents, attrapant ici ou là de petits poissons.

J'ai vu trop de pêcheurs traiter avec dédain les petits poissons. En Angleterre, ils les traitent de « mitraille » ou pire de « miettes ».

« Z'avez pris quèq'chose ?

– Que des miettes.

– Des miettes de quoi ? » veux-je toujours savoir.

Le menu fretin est défini différemment selon les gens. Pour un petit garçon qui commence, ce sera n'importe quel petit poisson d'argent, puis un goujon suffisant pour appâter un chevaine, ou, pour les pêcheurs de carpe, une tanche de 2 kg et demi. Quant à moi, ça me rappelle tout le poisson que j'ai pris au cours de ces années, quand je débutais et que j'étais toujours content de ce que j'attrapais.

Je suis assis au bord de mon cours d'eau favori, été comme hiver, tâtonnant à la recherche de cigarettes auxquelles j'ai renoncé depuis longtemps, claquant des dents, regardant ma montre et essayant de faire que le soleil se couche pour que je rentre finalement à la maison. Et alors miraculeusement le flotteur plonge et un petit poisson d'argent apparaît, étincelant d'eau glacée, faisant de ce jour – encore une fois – une journée de pêcheur.

LE LANCER À LA MOUCHE

Parmi tous les styles de lancer, le lancer à la mouche est l'art suprême du pêcheur. Il combine la gymnastique des rubans, la conduite des chevaux et le domptage de lions en une seule action fluide visant à lancer quelque chose qui ne pèse rien. Il n'y a pas de quoi en faire une histoire.

Tout comme le swing au golf, le lancer à la mouche est simple. Il faut propulser ce qu'il y a sur votre ligne et le faire atterrir naturellement dans l'eau, de façon à ce qu'il attire le poisson.

La complication vient des différentes sortes de lancer à la mouche selon les endroits et les conditions.

Rappelez-vous que le problème principal vient de ce qu'il n'y a pas de poids au bout de votre ligne. Les pêcheurs à la mouche utilisent une ligne plus lourde à laquelle ils attachent un bas de ligne très léger de façon à se servir du poids de la ligne elle-même pour lancer. Cela implique de lâcher la ligne peu à peu, de la lancer derrière, puis devant, derrière, devant et ainsi de suite. Il est utile de s'exercer à ce « faux lancer », mais s'il dure trop longtemps il effrayera les poissons.

- ✦ Trouvez une clairière, montez votre matériel en laissant pendre environ 7 à 8 m de ligne mais n'attachez pas d'hameçon.
- ✦ Pointez la canne et la ligne devant en une seule ligne continue.
- ✦ Tenez la canne en laissant votre pouce reposer au-dessus. Durant le lancer vous bougerez votre poignet et votre avant-bras mais PAS votre épaule.
- ✦ Retenez la ligne qui vient du moulinet avec un doigt et soulevez la canne à 10 h.
- ✦ Ramenez la canne derrière vous de façon à soulever la ligne du sol puis propulsez-la à 1 h.
- ✦ Stoppez le mouvement nettement. Votre poignet doit pointer devant avec la pointe de la canne toujours à 1 h.
- ✦ Arrêtez-vous le temps de sentir une petite secousse indiquant que la ligne est complètement tendue et…
- ✦ Balayez l'air vers l'avant et vers le bas, en baissant votre coude afin de donner une accélération. Quand votre bras passe 12 h, bloquez votre poignet pour donner une secousse à la ligne qui l'enverra loin devant.
- ✦ Tandis que la ligne vole par-dessus votre tête et au-dessus de l'eau, baissez votre canne pour la suivre.
- ✦ Pour augmenter la portée de votre lancer vous devez « tirer » la ligne. Pendant que la canne revient, coincez la ligne contre la poignée de la canne avec un doigt et de l'autre main tirez-en un bon bout venant du moulinet. Quand vous amènerez la canne à sa position finale, relâchez la ligne et elle filera à travers les anneaux.

SOLUTIONS POUR LES PROBLÈMES COURANTS

Simple comme tout, n'est-ce pas ? Non, même en vous exerçant beaucoup vous trouverez ça difficile. Mais ça ne fait rien, car cela élimine les imbéciles impatients, incapables de surmonter des problèmes courants tels que :

- Pour économiser le temps vous serez tenté de commencer le lancer en tirant brusquement la ligne de l'eau. Ne faites pas ça : cela perturbe l'eau et les poissons et propulse votre ligne vers vous à grande vitesse.

Voici le B A–BA du lancer à la mouche, geste tout entier de grâce et d'élégance une fois que vous l'avez maîtrisé.

Commencez à relever la canne lentement…

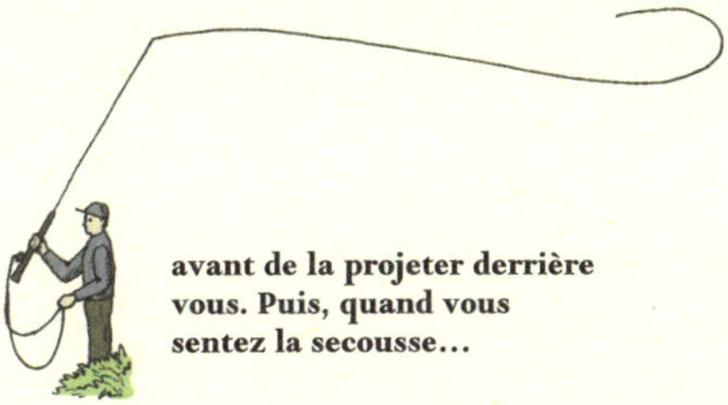

avant de la projeter derrière vous. Puis, quand vous sentez la secousse…

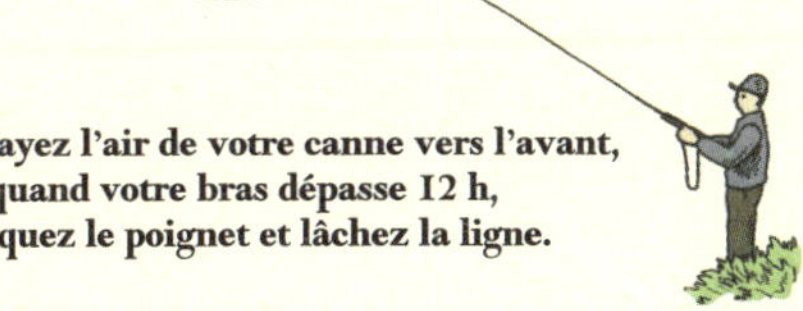

balayez l'air de votre canne vers l'avant, et quand votre bras dépasse 12 h, bloquez le poignet et lâchez la ligne.

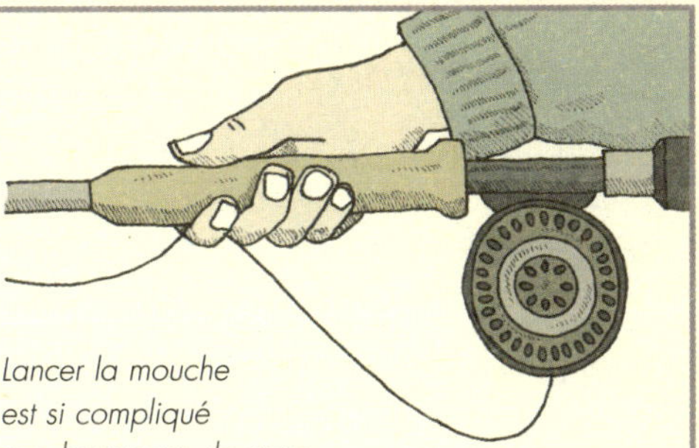

Lancer la mouche est si compliqué que beaucoup de gens finissent par prendre des cours pour y arriver. Mais c'est une question de persévérance.

- Au lieu de se dérouler derrière vous en ligne droite, votre ligne fait une énorme boucle qui s'enroule finalement sans grâce autour de vos oreilles. Vous devez stopper votre canne nettement, sans lui permettre d'aller trop loin.
- Un grand crac se fait entendre (et quand vous pêcherez, l'avançon se cassera net). Cela se produit quand vous ne vous arrêtez pas assez longtemps – attendez la petite secousse.
- Au lieu de voler droit devant, votre ligne s'effondre en tas devant la canne – c'est parce que vous n'avez pas bloqué la canne assez fermement quand vous avez lancé.

Seuls quelques-uns des problèmes que vous rencontrerez sont présentés ici pour vous donner une idée de ce qui vous attend. Et je n'ai pas mentionné le lancer-roulé ou la double prise, le fer à cheval ou la flèche. Le lancer à la mouche est une obsession pour beaucoup de pêcheurs. Prenez une canne et joignez-vous à eux.

WADING

Il n'y a rien de tel que d'aller avec les poissons dans l'eau. Ça change votre point de vue et vous ouvre toutes sortes de perspectives que vous ne pouviez pas voir depuis la rive. Vous vous sentirez aussi plus en contact avec la pêche et avec les poissons. Bref, c'est stupéfiant.

Avant tout, il est de votre devoir de vous assurer que pêcher en marchant dans la rivière est autorisé. Parfois c'est dangereux, d'autres fois les Eaux et Forêts ont décidé que l'environnement en serait trop perturbé.

En supposant que vous pouvez y aller, il faut vous équiper. Il y a quatre sortes d'équipement : les pantalons étanches en caoutchouc, en néoprène ou en Gore Tex*. Les pantalons en caoutchouc sont les moins onéreux et les moins confortables ; ceux en néoprène sont plus chauds et le Gore Tex offre la meilleure protection mais c'est plus cher.

DIFFÉRENTS STYLES

En termes de style, les pantalons en caoutchouc sont munis de bottes, ceux en néoprène n'en ont habituellement pas et vous devrez donc acheter des bottes séparées. Les cuissardes sont utiles dans les courants rapides car elles sont légères. Si vous avez peur de tomber dans l'eau, choisissez des pantalons en néoprène pour leur légèreté et leur pouvoir flottant.

Quand vous êtes dans l'eau, gardez ce qui suit à l'esprit :

- ✦ Soyez prudent, ne vous déplacez pas en même temps que vous pêchez.
- ✦ Placez-vous de profil dans les courants forts pour offrir moins de résistance à l'eau.
- ✦ Ne vous déplacez pas à reculons.
- ✦ En prenant de l'âge pensez à vous munir d'un bâton pour vous stabiliser.
- ✦ Dans l'eau courante, bougez un pied après l'autre plutôt que de marcher.
- ✦ N'allez pas seul dans l'eau. Traverser la rivière est bien plus facile si vous pouvez vous soutenir mutuellement avec un ami.
- ✦ Quand vous traversez une rivière, faites-le en diagonale, en vous déplaçant dans le sens du courant.
- ✦ Rappelez-vous que vous pêchez, ne pataugez pas inutilement pour ne pas effrayer les poissons.
- ✦ Évitez les gros rochers submergés car ils sont trop glissants.
- ✦ Si vous avez la malchance de tomber dans l'eau, relevez d'abord les genoux et tournez les pieds dans le sens du courant, vous risquerez moins de vous cogner la tête.

* Qu'est-il arrivé à la quatrième sorte de bottes ? Jambes nues avec de solides sandales – rien de plus rafraîchissant par une chaude journée.

DANS L'OBSCURITÉ

La pêche de nuit est une question de préparation. Ça signifie que l'eau vous est familière et que vous vous êtes organisé pour ne pas tâtonner dans le noir. En ce qui me concerne, j'essaye de tout garder dans mes poches.

Arrivez avant la nuit et préparez tout afin de ne pas avoir à bouger et chercher ce dont vous avez besoin. Assurez-vous que les appâts sont bien enfermés dans leur boîte. La nuit, les animaux sont très entreprenants et boufferont vos appâts si vous les laissez faire.

Rappelez-vous qu'un bon poste de pêche la journée n'est pas le même la nuit. Des rives escarpées ou des broussailles deviennent des décors de gags la nuit. Il vous faut un espace ouvert avec pas plus d'un buisson en cas de besoin.

Attirail de pêche

Pour la pêche au coup, je vous recommande de fabriquer un détecteur de touche de Ray (voir page 92). C'est simple, bon marché et ça ne risque pas de perturber une nuit paisible avec un horrible bourdonnement électronique.

Si vous pêchez au coup ou au poser, vous aurez besoin d'un tube luminescent et de quelque chose pour l'attacher. Ces petits tubes sont emballés individuellement – coupez-les en deux et vous obtiendrez une lumière chimique qui durera des heures. Aux États-Unis les pêcheurs en bateau plongent une lampe waterproof dans l'eau – qui attire les petits poissons, attirant à leur tour les gros poissons.

Lampes

Prenez plusieurs lampes. J'ai toujours une petite lampe porte-clés accrochée à mon manteau, au cas où j'oublierai d'en prendre une avec moi. Les lampes frontales vous laissent les mains libres tandis que les lanternes diffusent une lueur réconfortante mais attirent les insectes. Évitez d'agiter votre torche dans tous les sens – il est préférable de se fondre dans l'environnement plutôt que d'attirer l'attention sur vous (Attention : la pêche de nuit est réglementée en France N.d.T.).

Ces tubes fluorescents contiennent deux produits chimiques non-toxiques séparés, qui, en se mélangeant, produiront de la lumière pendant six heures environ.

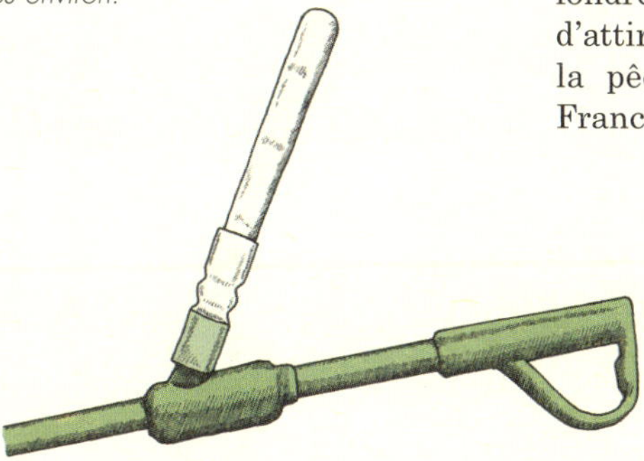

CINQ NŒUDS DE PÊCHEUR

La solidité du matériel de pêche se mesure à la solidité de ses liens, que ce soit votre ligne ou les nœuds que vous y faites. Vous trouverez ici des instructions détaillées pour réaliser quelques nœuds de pêcheur, qui vous serviront en toute occasion.

Il existe des millions de nœuds de pêcheur, tous avec des noms différents. Je présente ici uniquement les cinq nœuds que j'utilise le plus souvent.

Tout d'abord je suis un fan des attaches anglaises et je m'en sers avec succès avec des hameçons à œillet. Suivez les instructions indiquées pour l'attache anglaise comme si vous utilisiez un hameçon à palette mais prenez à la place un hameçon à œillet standard. Vous aurez un nœud performant, tout à la fois petit et solide.

Enfin, même si certains ajoutent une goutte de super glu à leurs nœuds, je préfère un bon vieux crachat. Humidifiez le nœud avec votre salive avant de le serrer et il tiendra encore mieux.

Nœud trilène

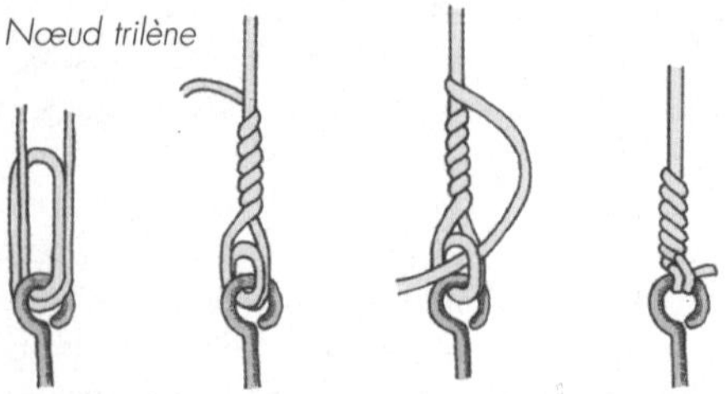

NŒUD TRILÈNE

Pendant des années je me suis servi d'un nœud d'attache classique à quatre tours et demi qui était pratique pour les lignes légères et les petits hameçons mais pour quelque chose de plus gros, je préfère le nœud Trilène. Voici :

- **Passez le bout de la ligne à travers l'œillet de l'hameçon.**
- **Repliez-le et enfilez-le encore une fois.**
- **En laissant une boucle autour de l'œillet de l'hameçon, enroulez l'extrémité autour du corps de ligne cinq fois.**
- **Enfilez la ligne dans la double boucle, puis, en tenant l'extrémité, serrez doucement le nœud. Coupez les extrémités avec un coupe-ongles.**
- **Le nœud d'attache classique est exactement le même, sauf que vous ne passez qu'une seule fois la ligne dans l'œillet de l'hameçon.**

NŒUD PALOMAR

C'est une alternative au nœud Trilène et il est pratique pour les hameçons et les émerillons. Certains pêcheurs le classent au-dessus du nœud de cuiller et il est certainement plus facile à nouer.

- **Doublez le bout de la ligne pour faire une boucle et passez-la dans l'œillet de l'hameçon.**
- **Tirez-en un bon bout puis faites un nœud simple sur la ligne doublée afin que l'hameçon pende au milieu.**
- **Passez le bout de la boucle sur la pointe de l'hameçon.**
- **En tenant les deux bouts de la ligne tirez doucement sur l'hameçon pour resserrer le nœud puis coupez le bout.**

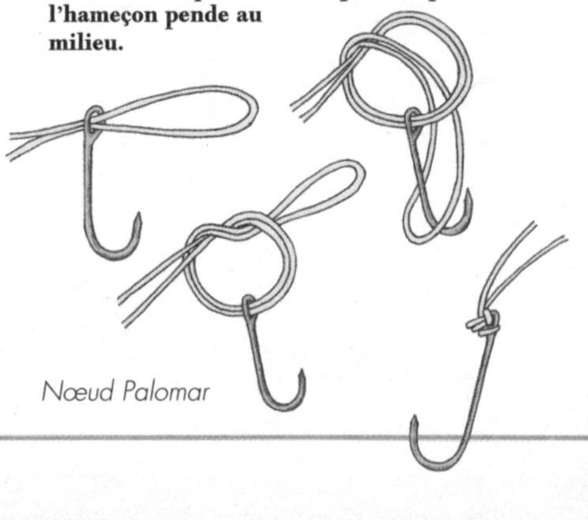

Nœud Palomar

NŒUD SANS NŒUD

Destiné à tromper les poissons méfiants ou timides ce nœud permet de « suspendre » l'hameçon à côté de l'appât au lieu de le cacher dedans.

- **Prenez une courte longueur de ligne et faites une boucle à l'une de ses extrémités.**
- **Faites-en un nœud simple en laissant libre la petite boucle.**
- **Tirez la boucle à travers l'appât en vous servant d'une aiguille "à bouillette" puis passez un stop dans la boucle et serrez fort. L'appât devrait normalement pendre de la ligne sans en tomber.**
- **Ensuite, prenez l'autre bout de la ligne et enfilez-le à travers un petit bout de tube en silicone.**
- **Enfilez le tout sur l'hameçon et passez l'autre extrémité dans l'œillet de l'hameçon.**
- **Ramenez la ligne en arrière à travers l'hameçon et enroulez-la cinq fois autour de la hampe.**
- **Repassez la ligne dans l'hameçon et attachez un émerillon avec un nœud à quatre tours et demi décrit à la page précédente.**

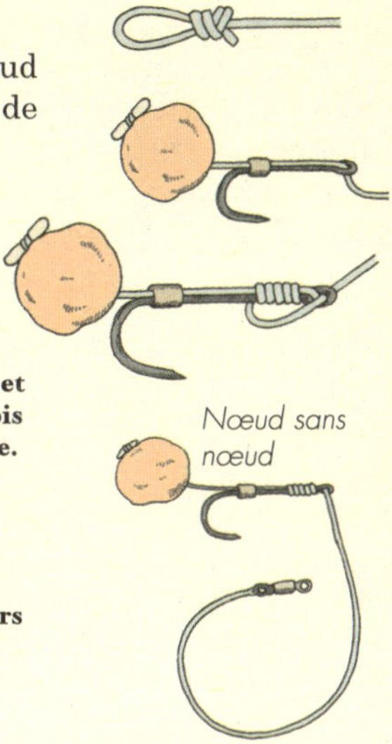
Nœud sans nœud

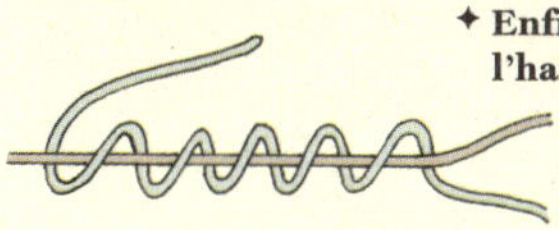

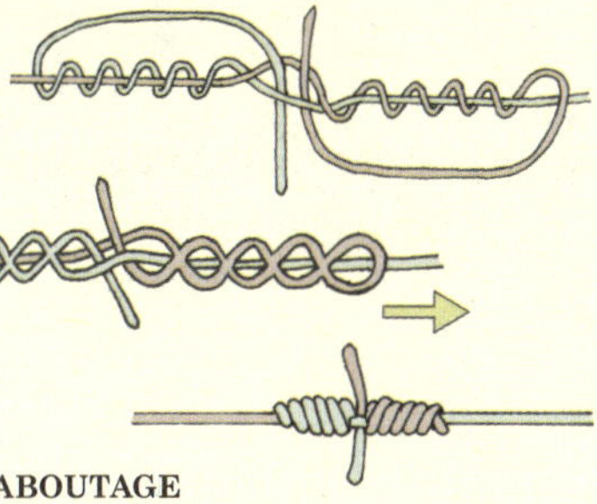
Nœud d'aboutage

NŒUD D'ABOUTAGE

Il y a différentes versions de ce nœud dont on se sert pour attacher deux bouts de ligne ensemble sans utiliser d'émerillon. Celle-ci est la version la plus facile.

- **Faites coïncider les deux bouts de ligne.**
- **Prenez l'un des bouts et enroulez-le cinq fois autour de l'autre.**
- **Repliez l'extrémité et passez-le entre les deux lignes.**
- **Répéter l'opération avec l'autre extrémité en l'enroulant cinq fois et en la repassant au milieu de la boucle.**
- **En tenant les deux bouts libres, tirez doucement le premier, puis le deuxième, en « travaillant » le nœud afin qu'il se resserre.**
- **Couper les bouts.**

NŒUD D'ARRÊT

Si vous désirez un flotteur coulissant pour pêcher en profondeur, vous trouverez ce nœud pratique pour l'empêcher de remonter sur la ligne. Ne faites pas de nœud sur la ligne principale, utilisez plutôt ceci :

- **Coupez une courte longueur de la ligne principale.**
- **Choisissez l'endroit de la ligne principale où vous voulez positionner votre nœud et enroulez le morceau de ligne autour trois fois.**
- **Prenez les deux bouts libres et faites un double nœud.**
- **Resserrez le nœud et coupez les bouts.**

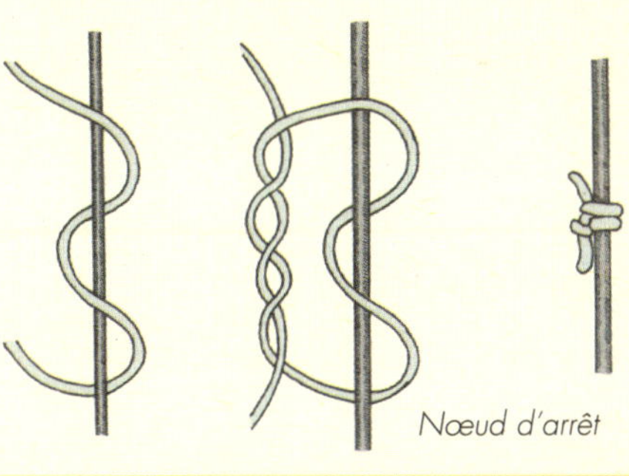
Nœud d'arrêt

AMIS PÊCHEURS

Si vous pouvez trouver un ami pêcheur dont les rythmes s'accordent aux vôtres, qui est heureux de vous rencontrer sur la rive pour une boisson chaude ou une cigarette mais qui, en dehors de cela, vous laisse tranquille, cramponnez-vous à lui. De tels gens sont difficiles à trouver.

J'ai eu la chance de me faire quelques bons amis pêcheurs au fil des années. Le ban a été ouvert par mon ami Keith, fils d'un policier local, et dont la mère pouvait tirer des petits déjeuners gargantuesques d'une épuisette. Nous nous sommes trouvés pêcher ensemble d'abord à l'épuisette dans la Misbourne puis, plus tard, avec des cannes dans l'étang de Latchmoor.

Entretemps Keith avait changé de surnom et trouvé un petit étang caché dans les bois, dont le propriétaire avait décrété qu'il était réservé à l'usage des services de police, des pompiers et des ambulances. Comme le papa de Keith était un flic dûment appointé de la Vallée de la Tamise, c'était tout bon pour nous.

Trop près ? Pas si vous respectez l'espace de l'autre et si vous savez quand parler et quand faire silence.

VIVRE DANS UNE ÎLE

Et quel endroit ! Il y avait une île au milieu, des rives escarpées, des mauvaises herbes en pagaille et du poisson – des tanches et des carassins que nous n'avions jamais vus auparavant. Bien sûr il y avait aussi un brochet monstre et plein de petites perches et de rotengles.

Et cette île fabuleuse. Comme Keith était le seul qui pouvait se permettre des cuissardes, nous avions décidé qu'il transporterait d'abord le matériel et reviendrait me chercher. La première partie s'est déroulée sans encombre mais, à mi-chemin, tandis qu'il me portait, Keith a commencé à gîter et avant qu'il ne tombe complètement, j'ai fait ce qu'aucun ami ne devrait faire – je me suis libéré de sa poigne et j'ai assuré mon pied sur son dos pour sauter jusqu'à la rive. Pendant que j'atterrissais sain et sauf, Keith est tombé la tête la première dans l'eau boueuse. S'il n'y avait eu le fait que j'avais désormais les seules clopes fumables, je crois que je serais toujours dans l'île à ce jour.

Stress

Avancez de 20 ans. Je n'ai pratiquement pas pêché – poursuivi par les trucs habituels autour de la vingtaine et la trentaine – mais j'ai quand même attrapé quelques morceaux et miettes, aussi, quand Ray suggère une partie de pêche comme antidote à tout ce stress, je me dis que ça en vaut la peine. C'est l'hiver, bien sûr et je sens que mes chances sont minces. J'ai oublié mon moulinet et même si Ray en a un de rechange, je ne prends rien. Pas même une touche.

Encore une année passe, les choses ne vont pas mieux au travail et Ray suggère une autre partie de pêche. C'est de nouveau l'hiver, il fait un froid glaçant et il n'y a pas de poisson. Mais pendant quelques merveilleuses minutes je fais connaissance avec une petite carpe et j'y pense encore en remballant. Plus tard, en regardant les premières étoiles, j'écoute Ray ranger son matériel et, soudainement, tout prend sa place. Les amis pêcheurs sont là pour ça : ils vous portent sur leur dos, ils vous aident à retrouver la magie de la vie.

Histoires de pêche

Le chapeau

Parmi toutes les pièces d'équipement d'un pêcheur, aucune n'est aussi chère à son cœur que son chapeau.

Cela a à voir avec la sensation que vous avez quand vous vous préparez à aller pêcher. Mon chapeau est toujours la dernière chose que je mets et je l'enlève dès que je suis dans la voiture. Pour le moment c'est une casquette de base-ball avec l'inscription « Fairport Convention » – un groupe de rock vieux de 40 ans qui me porte certainement chance. C'est souvent ce qui fait le choix d'un chapeau – un peu de chance, un peu de superstition.

Si vous n'en avez pas du tout, prenez un chapeau à large bord, imperméable, qui vous gardera au sec et empêchera le soleil de vous aveugler. Vous le voudrez peut-être avec des rabats pour l'hiver mais c'est tout. Tout le reste est du luxe.

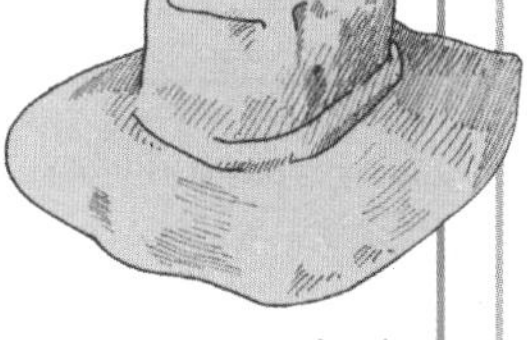

LES EAUX NON PÊCHÉES

Bien que les pêcheurs se rappellent toujours les lacs et les rivières où ils ont eu de la chance, il y a aussi des étendues d'eau dans lesquelles, pour une raison ou pour une autre, ils n'ont pas pu pêcher. On ne peut pas s'empêcher de se demander pourquoi.

Ça a débuté quand j'étais enfant et que je lisais des livres à propos d'endroits lointains. La Redmire Pool, bien sûr, demeure secrète d'une carpe géante, mais aussi la rivière Derwent et la Swale dans le Yorkshire et l'Aquadrome de Billing dans les Northants où des pêcheurs entreprenants pêchent d'énormes carpes avec des bananes. Le lac de Hickling Broad dans le Norfolk où les rotengles sont aussi grands que des assiettes, et le célèbre étang laiteux de Fairy Water à Omagh en Irlande du Nord. Des eaux dont je ne foulerai jamais les rives.

D'autres étaient plus proches géographiquement, mais tout aussi inaccessibles, entraperçues par la vitre de la voiture ou la fenêtre du train. Une bicyclette m'a ouvert quelques portes mais c'est le bus et le train qui m'ont emmené au-delà de la Tamise et m'ont montré quelles quantités d'eau restent disponibles pour les pêcheurs aventureux.

TROUVER DE NOUVELLES ÉTENDUES D'EAU

La pensée de toutes ces étendues d'eau sans moi au bord me semblait vraiment déprimante, mais maintenant ça m'excite et je peux rester assis des heures à rechercher de petites taches bleues sur des cartes topographiques. J'ai trouvé ainsi de nombreux étangs dans lesquels le fermier du coin est content de vous laisser pêcher, moyennant une petite contrepartie.

Durant les longs voyages en train, je regardais toute cette eau par la fenêtre. La passion des trains a pris une autre dimension pour moi…

Et à présent avec les nouveaux logiciels comme Google Earth il est possible de fantasmer encore plus loin et de visiter le lac Baïkal en Sibérie ou les torrents de l'île de Vancouver. Je peux suivre mes amis en Mongolie ou en Nouvelle-Zélande et finalement visiter la Redmire Pool.

LA FAUNE

Comme nous le verrons plus loin, il y a bien d'autres utilisateurs de l'eau auxquels les pêcheurs devront se frotter. Parmi eux, les animaux qui en ont fait leur demeure sont de loin les plus importants. Nous sommes en visite, mais eux vivent là.

En dehors des ornithologues amateurs je ne vois personne d'autre qui vienne à la campagne pour se fondre dans le paysage au point d'en faire partie. Ce calme donne aux pêcheurs une perspective unique sur la Nature.

Quelquefois les animaux feront d'un jour sans poisson une journée magnifique. Même quand vous n'avez pas eu de touche de toute la journée, vous ne pouvez manquer d'être ému par un martin-pêcheur zigzaguant à quelques centimètres de la surface de la rivière. J'aime aussi les vaches, si grosses et si endormies. Cet été, treize d'entre elles m'ont suivi toute la journée. Elles pensaient que j'allais les nourrir... ou bien elles voulaient juste bavarder. Je les ai perdues facilement en me cachant derrière un buisson ou en enjambant une clôture mais, après un moment elles m'ont manqué, alors je les ai cherchées pour recommencer à jouer.

J'ai vu un cerf, des serpents, un vison, des otaries et, une fois, tard le soir, une grande chouette grise, en quête de musaraignes ou de lapins. Elle ne faisait aucun bruit en volant, étonnant pour un oiseau aussi grand.

Quelquefois quand je m'arrête pour une tasse de thé, je me demande de quoi a l'air cette scène d'en haut, et si je vais aussi bien que je l'aimerais avec le reste de la faune.

Que deviendrait le pêcheur qui s'ennuie sans les vaches ? Regardez-les, vous regardant en train de les regarder.

MONSTRES

Tous les pêcheurs ont un monstre dans leur vie, qui les hante de façon bien plus perturbante qu'aucune créature concoctée par Stephen King. Remarquez, les pêcheurs et les personnages de Stephen King ont un point en commun – ils recherchent les monstres, d'une manière ou d'une autre.

Il n'y a pas de vraie définition d'un monstre mais je pense que c'est un poisson entraperçu du coin de l'œil, ou bien extrapolé à partir d'un record défraîchi ou encore faisant l'objet d'une conversation à tue-tête au pub. Bref je ne crois pas qu'on puisse en attraper.

Mon premier monstre était une tanche dorée dans l'étang local, dans un coin difficile d'accès, mais où un petit garçon pouvait se faufiler s'il était assez malin. Je jurai que je l'avais vue et je courus le raconter à mes amis. C'était un mensonge bien sûr mais, tout comme aujourd'hui, je me fichais des mensonges car c'était pour le bien de tous. Le mythe du monstre a été préservé et, cette nuit-là, les rêves de petits garçons ont été dorés.

Au fil des années, d'autres monstres sont apparus. Un brochet géant, grand comme un tronc d'arbre, qui rôdait dans la mare d'une vieille station-service, prêt à tuer, et un saumon monstrueux dans le sud-ouest, qui, pour être honnête, s'est avéré être vraiment un tronc d'arbre. Il y a eu aussi un gardon de la taille de mon bras, et un été, dans une minuscule rivière du Sussex, quelque chose d'énorme a déchiré le ver que j'avais mis en appât.

Je n'ai jamais attrapé l'un de ces poissons et je ne suis pas sûr de le vouloir car leur nature est de rester inaperçus jusqu'à la fin.

Les monstres sont toujours là, juste sous la surface, prêts à tout moment à révéler leur véritable nature. Les pêcheurs ont besoin de monstres et en auront toujours besoin.

FILS DE PÊCHE

Souvent négligé ou acheté à l'économie par les débutants, le genre de fil de pêche que vous utilisez et la manière dont vous l'utilisez font une différence significative quand il s'agit de votre réussite en tant que pêcheur. Si seulement ce n'était pas aussi ennuyeux…

C'est ce qui vous met en contact avec le poisson, alors choisissez soigneusement votre fil. Prenez-en soin et il vous servira bien.

Il y a évidemment de nombreuses marques différentes de ligne et vous devriez prendre conseil auprès de votre détaillant. Pour ce que ça vaut, j'ai toujours trouvé la marque Maxima d'un bon rapport qualité-prix. Mis à part les marques, vous avez deux sortes de fils : les monofilaments et la tresse, qui s'emploie pour des occasions spéciales.

Les lignes monofilaments se distinguent par leur résistance et leur couleur. Je n'ai jamais trouvé que la couleur soit si importante. En termes de résistance je choisis le plus léger possible sans mettre le poisson en danger. Ce point est crucial car c'est très bien de pêcher léger et d'avoir plein de touches, mais si vous perdez souvent le poisson parce que le fil casse, vous devriez augmenter sa résistance. Les autres facteurs de choix sont les espèces que vous voulez prendre, les conditions de l'eau et le type de pêche.

Globalement parlant, je pêche plus léger en hiver quand les touches sont rares et que le fond est plus clair. Pour pêcher au flotteur de petits poissons, je me sers d'un fil de 0,9 à 1,3 kg. Pour la pêche en plombée je vais jusqu'à 2,7 kg. En été je pêche avec du 1,8 à 2,2 kg pour le flotteur et du 3,6 kg pour le plomb. Pour la carpe et le brochet, je débute à 4,5 kg et vais jusqu'à 6,8 kg. Comme les cordes de guitare, le fil de pêche a besoin d'être changé de temps en temps, car même si vous le traitez bien, il perd son éclat, son ressort et sa solidité. Je remplace mon fil de pêche à chaque saison et je ne me souviens pas d'avoir perdu un poisson parce qu'il avait cassé. Si vous voulez que votre ligne flotte, frottez-la avec un peu de liquide nettoyant.

Les tresses ont un diamètre inférieur aux monofilaments, sont plus solides et ne s'étirent pas du tout. Elles sont utiles si vous traînez l'appât au fond car elles résistent à l'abrasion.

Enfin on fait beaucoup de bruit autour des nouvelles lignes en fluorocarbure, invisibles dans l'eau, mais je ne suis pas un grand fan car j'ai entendu dire du mal du processus de fabrication et qu'elles se dégradent trop lentement.

LE PREMIER LANCER

Le premier lancer de la journée est un petit mouvement décevant, rien de plus que de mettre l'appât dans l'eau, devant le poisson. Mais ce peut être aussi une chose magnifique. J'ai vu des pêcheurs lancer avec tant d'économie des gestes et de grâce qu'ils semblaient peindre en l'air. Le premier lancer n'est qu'un début…

Ces jours-ci le chemin jusqu'à la rivière paraît plus long, ou bien c'est parce que je vieillis. Depuis que les résidents ont décidé que plus personne ne se garerait dans l'allée, il faut marcher plus longtemps. Ça ne m'ennuie pas car je suis peu chargé – une seule canne, une épuisette, un repose-canne, le panier jeté sur l'épaule avec dedans un moulinet et le petit attirail, un coussin gonflable, des vêtements et une petite flasque. C'est aussi agréable par les matins d'hiver – ça active la circulation et, après un long trajet en voiture, ça donne une chance à mon mauvais genou de se remettre à fonctionner.

Il est tôt ce matin de novembre et il a soudainement gelé, ce qui, j'espère, ne déprimera pas les poissons. La nature est magnifique et il n'y a que moi et les promeneurs de chiens pour la déparer.

CHEVAUX

Je dépasse quelques maisons. Elles sont obscures mais l'une d'entre elles a de la lumière en bas. Je peux apercevoir un feu qu'on allume dans la cuisine et une cafetière mise en route. Ça me fait penser à Noël. Je passe la barrière et j'entre dans le champ. Il y a là des

L'appât est finalement dans l'eau et l'effet est étonnant – un sentiment de paix complète combinée au genre de craquements dans l'air que vous entendez quand vous êtes tout près d'un générateur électrique.

chevaux d'habitude, et en évitant les mouvements brusques vous pouvez les amadouer et ils fouilleront vos poches à la recherche de pommes. Quand je fumais, je m'arrêtais souvent ici en hiver pour rouler une cigarette et attendre, en les regardant, que le jour se lève.

Encore une barrière et voici l'endroit d'où l'on peut entendre le rugissement du barrage. Debout sur le barrage, j'admire le contraste magnifique entre le canal placide au-dessus et l'eau bouillonnante en dessous, qui emmagasine de l'énergie avant de frapper les hauts-fonds dans la courbe et continuer son chemin.

J'y suis presque à présent. Le canal aménagé est sur ma gauche mais sur ma droite j'entends le son étouffé de la rivière à travers les arbres et tandis que monte mon excitation, je choisis soigneusement mon chemin dans les fourrés, tout en escaladant un chêne et en étudiant l'eau.

Presque parfait. Du courant au milieu, plein de creux stagnants près de la rive, un remous de l'autre côté et des tourbillons bizarres là ils se rejoignent. Il y a aussi des arbres surplombant la rive opposée qui rendent le lancer difficile, mais si j'y arrive, qui sait ce qui peut se trouver là ?

Préliminaires

Je monte l'épuisette et je jette dedans quelques poignées d'amorce, essentiellement de la viande en conserve que j'ai découpée en petits morceaux, puis je monte la canne, le plus simplement possible – un fil de 3,6 kg avec un hameçon de 6, un gros morceau de viande en guise d'appât, et pas de bas de ligne du tout. Je gonfle mon petit coussin de camping et je le jette sur le sol. Je m'installe. Le trépied de la canne, les vêtements à côté de moi, l'appât sur le dessus. J'ajuste mon chapeau, m'assure que les pinces pendent de mon manteau, tâte le dégorgeoir dans ma poche. Tout est prêt. Je dégage l'ergot, je lance l'appât sur l'eau, et je le regarde, fasciné, voler au-dessus des arbres droit dans l'eau, avec ce que j'espère être un plouf séducteur pour les poissons.

Et me voilà assis là, petit garçon qui pêche toujours.

Un lancer élégant

Je ne suis pas sûr de pouvoir me rappeler mon premier lancer. Il était certainement élégant car, alors, j'avais l'impression que les meilleurs pêcheurs se servaient d'un fil lourd. Je me souviens m'être servi d'un fil de 6,3 kg, fichtrement difficile à enfiler dans l'œillet d'un hameçon de 16. Je l'ai déjà dit et je le redis – j'ai mérité chacun des ces gardons.

COMMENT FERRER

Parmi toutes les compétences qu'un débutant doit maîtriser, ferrer efficacement est ce qui relève le plus de la magie noire. D'un autre côté vous pourriez penser qu'il ne s'agit que d'un tas de causes à effets car ferrer vient simplement du mouvement de la canne en réaction à la touche. L'os de la cuisse s'emboîte dans l'os de la jambe et tout ça.

Avant tout, un petit secret. Bien que la troisième loi de Newton (pour chaque action il existe une réaction de force égale et opposée) semble s'appliquer ici, il y a beaucoup plus dans l'action de ferrer qu'un simple processus de cause à effet. Désolé. D'abord il y a trop de variables impliquées – le type de pêche, le matériel utilisé, la saison, les conditions météo, la taille de l'appât, de la gueule du poisson, de l'hameçon, etc. Vous avez saisi.

Ce que je peux faire, c'est vous le dépeindre à grands traits pour vous en donner une idée. Voici comment ferrer-sans-tout-rater :

- ✦ Si vous pêchez au leurre, la plupart du temps vous n'aurez rien à faire car le poisson se ferre tout seul en gobant le leurre. Facile. Un strike pour nous.
- ✦ Si vous pêchez quelque chose qui prend l'appât et s'enfuit avec, soulevez simplement la canne et laissez pendre, ça devrait suffire. Deuxième strike.
- ✦ De même, les poissons agressifs qui aiment les gros appâts s'hameçonneront d'eux-mêmes. Tout ce que vous avez à faire est d'agripper la canne pour l'empêcher d'être entraînée. Troisième strike.
- ✦ Certains sont faits pour que le poisson se ferre de lui-même. Quatrième strike. Facile non ?

Naturellement tous les poissons ne sont pas aussi obligeants. Je me suis parfois assis au même endroit en me servant des mêmes tactiques et j'ai senti des barbeaux effleurer l'appât de leurs barbillons, comme pour jouer sans rien donner à ferrer. Aussi, au risque de me rendre ridicule, voici mes règles pour ferrer :

- ✦ Si vous pêchez au flotteur du menu fretin, ferrez fort et vite quand le flotteur plonge, comme si vous retiriez votre main de la gueule d'un chien enragé.
- ✦ Employez une version plus lente du même mouvement si le flotteur glisse de biais sans plonger, surtout si c'est dans une rivière et contre le courant. Imaginez que le chien est toujours là, mais plus aussi enragé.
- ✦ Si vous pourchassez de gros poissons, donnez-leur le temps de s'arranger de l'appât – cela signifie que le flotteur disparaît sous l'eau et se déplace. Dans ce cas, soulevez la canne d'un mouvement lent et régulier comme si vous teniez la queue d'une vache pour chasser les mouches.
- ✦ Si vous pêchez au poser et que vous avez une bonne grosse touche, tirez la canne en arrière, ce sera suffisant pour ferrer.

- Si vous sentez des petites saccades, il peut s'agir de petits poissons picorant l'appât ou d'un plus gros, timide et sensible. Essayez de ferrer brusquement et voyez ce qui se passe.
- Autrement, pointez la canne sur l'appât, tirez un peu de ligne du moulinet et essayez de sentir les touches avec vos doigts. On appelle ça « la pêche au toc » et c'est efficace pour cueillir les touches les plus délicates.

Un bon conseil : soyez patient. Ferrer n'est pas une science exacte et requiert de la pratique. Tant mieux, car cela vous donne la meilleure des excuses pour retourner pêcher.

Une fois qu'il a ferré avec succès, le pêcheur heureux peut fatiguer le poisson – à moins qu'il ne flanque tout par terre.

HISTOIRES DE PÊCHE

Art, sport ou science ?

Samuel Johnson (célèbre écrivain anglais du XVIIIe siècle, également critique littéraire NdT.) a écrit : « ...quant à la pêche, je ne peux la comparer qu'à un bout de bois et une ficelle, avec un ver à un bout et un idiot à l'autre. » Ce qui montre qu'il aurait dû s'en tenir à la critique littéraire.

De tous les loisirs qu'une personne sensée peut adopter, pêcher est sans conteste le plus difficile à définir. Le football est un simple sport (quoi qu'en pensent nos joueurs), de même que le billard ou même le golf. La cuisine combine la chance et la science, avec un produit final intéressant. Jardiner est une science, et, même si vous ne faites que des plates-bandes, ça a quelque chose d'artistique. Les échecs sont un sport et une science et boire est seulement un passe-temps – quoi qu'en disent vos amis.

D'un autre côté la pêche est un art, une science et un sport, combinés de manière si riche qu'il n'est pas étonnant que nous nous consumions pour elle. Voyez les dessins du lancer de mouche dans l'air ; regardez le pêcheur préparant un super-nouvel-appât dans sa cuisine ; observez le combat d'un poisson de plus de 5 kg ; et dites-moi que ce n'est pas le loisir le plus extraordinaire que l'humanité ait jamais inventé.

APPÂTS INATTENDUS

Vous n'aimez pas manger tous les jours la même chose, les poissons non plus. Pourquoi ne pas les régaler – et vous amuser – avec l'un de ces appâts bizarres ?

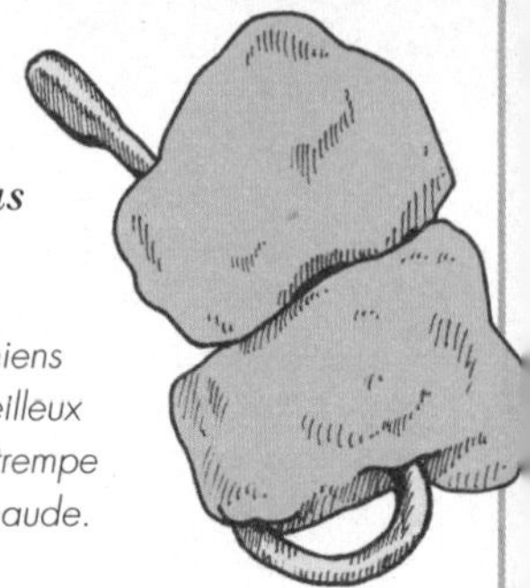

Les croquettes pour chiens et chats font de merveilleux appâts quand on les trempe dans un peu d'eau chaude.

À mesure que leur régime devient de plus en plus riche et varié, il semble raisonnable de penser que les poissons, comme les gens, vont manger de préférence ce qu'ils aiment le plus. Bien sûr « aimer » est un peu anthropomorphique en l'occurrence, aussi disons simplement le trouver abondant, odorant ou encore inhabituel. Je ne dis pas que vous pouvez accrocher n'importe quoi à l'hameçon et espérer une touche (Dieu sait pourtant que des pêcheurs ont attrapé du poisson avec des « appâts » plutôt étranges), mais en persistant vous pouvez amener un poisson à se nourrir de presque tout. Par exemple :

- De la nourriture déshydratée pour animaux. Sérieusement, mettez des croquettes pour chien dans un sac plastique, versez un peu d'eau chaude, tordez et fermez le sac et allez pêcher. Le temps que vous arriviez, elles seront assez molles pour tenir sur l'hameçon sans s'envoler quand vous lancerez la ligne. Elles flottent, vous pouvez donc les utiliser pour les poissons de surface ou les lester d'un poids pour qu'elles surgissent dans le courant de manière appétissante.
- Du steak cru. Oui, je sais, c'est du gâchis, mais la plupart des poissons sont carnivores et apprécient la viande crue à l'occasion. Il n'est pas nécessaire que ce soit une pièce de choix !
- De la nourriture pour poissons. Pas celle des poissons rouges, mais les boulettes utilisées dans l'élevage des truites et des saumons. Mélangez-les avec de l'eau et faites-en une pâte infecte, tous les poissons l'adoreront. Bien sûr, personne ne voudra plus vous serrer la main.
- Des épluchures de pommes de terre, du papier d'aluminium, du savon, de la laine rouge, des fleurs, de la réglisse, des crottes de lapin… en fait, certains pensent que si ça tient sur un hameçon, alors c'est un appât, et que tôt ou tard un poisson se jettera dessus.

Tout seul

La morale de l'histoire est que le pêcheur doit être préparé à improviser. Si vous arrivez au bord de la rivière et découvrez que vos appâts sont toujours au frigo, vous serez capable de trouver des solutions couronnées de succès là où vous ne les attendiez pas.

LE PETIT LAC SECRET

Tous les pêcheurs en ont un ou rêvent d'en avoir un. C'est le lac que personne d'autre ne connaît, où l'on ne pêche plus depuis des années, le minuscule étang oublié de tous au fond des bois.

Les mythes s'accumulent autour de ces endroits et prennent des proportions légendaires. C'est une conversation entendue par hasard dans un pub, un étranger rencontré à l'arrêt de bus qui baisse sa garde assez longtemps pour glisser une ou deux allusions tentatrices. C'est l'éclat de l'eau entraperçu depuis un train au crépuscule, un minuscule symbole bleu sur une carte, à des kilomètres de tout.

C'est rarement une rivière, car elles couvrent plus de terrain et sont difficiles à garder secrètes, mais souvent un étang, plus petit. Vous savez que vous en avez trouvé un quand vous avez du mal à arriver à bord de l'eau et que rien n'est aménagé – les coins de pêche ne sont pas évidents. Mieux que tout, il n'y a aucun signe que l'endroit soit fréquenté : pas de mégots, d'emballages, de canettes vides ou de bouts de ligne usagés sur le sol. Pêchez avec soin et gardez le silence ; quand vous partez, laissez le lac secret sombrer de nouveau dans le paysage.

ENTRETENIR VOS CANNES

La beauté des cannes à pêche modernes en fibre de carbone (ou même des vieilles cannes en fibre de verre) est qu'elles ne nécessitent pratiquement aucun entretien.

En fait, à moins que vous n'ayez payé très cher une canne de spécialiste et vouliez lui prodiguer un peu d'attention, je recommanderais de laisser vos cannes tranquilles. Les poignées en liège changeront de couleur avec l'âge, l'eau et la sueur mais c'est un processus naturel.

Je ne prends jamais la peine de sécher mes cannes à moins que j'ai pêché en mer, et dans ce cas je les asperge d'eau douce et les sèche avec leur sac, juste pour les débarrasser du sel.

Je vérifie régulièrement l'usure des anneaux de la canne car rien n'use une ligne comme un anneau piqué de rouille. Passez un coton au travers et voyez s'il y a des résidus.

Si la canne devient difficile à monter et démonter, frottez un petit morceau de bougie sur la virole mâle. À cet égard les grandes cannes sont différentes (voir page 102). Mais le plus important dans l'entretien de la canne est son transport : faites particulièrement attention quand vous la portez, la mettez ou la sortez de la voiture. Je me souviens qu'une fois…

LA PÊCHE AU LEURRE

La pêche au leurre est une des formes de pêche les plus excitantes et se révèle efficace pour d'énormes poissons carnassiers. Elle vous fait aussi bouger et fonctionne toute l'année. (Note à moi-même : pêcher davantage au leurre).

Bien que les leurres puissent être de toutes tailles et toutes formes, ils essaient tous de faire croire aux poissons qu'ils sont bons à manger. Leur dessin y contribue, mais c'est aussi au pêcheur de les ramener correctement afin d'attirer les carnassiers qui passent.

Les gros poissons qui mangent les petits poissons se fichent d'être sportifs. S'ils peuvent s'emparer d'un repas facile alors c'est ce qu'ils feront. Rester au sommet de la chaîne alimentaire signifie se nourrir en dépensant le moins d'énergie possible. Les pêcheurs ne l'ignorent pas, car les carnassiers leur chipent souvent les petits poissons qu'ils s'apprêtent à ramener dans l'épuisette.

Plusieurs facteurs font qu'un carnassier sera attiré ou non par un leurre et il n'est pas sûr qu'il soit possible de les ordonner de manière signifiante. Les vibrations sont certainement importantes car les poissons s'en servent pour détecter la nourriture. Nous savons aussi qu'ils sont capables de voir certaines couleurs en profondeur et à distance mieux que d'autres. Le comportement du leurre compte aussi – un leurre qui file tout droit et trop rapidement n'est pas aussi séduisant qu'un leurre hésitant, qui a l'air malade.

Les plugs sont de toutes tailles et toutes formes. Certains sont faits pour plonger, d'autres pour osciller sous la surface.

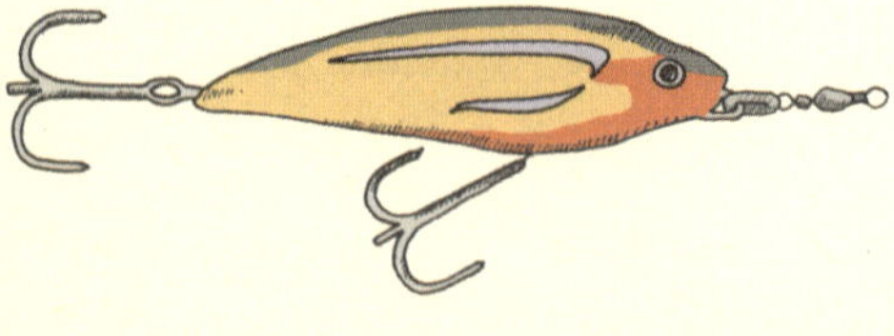

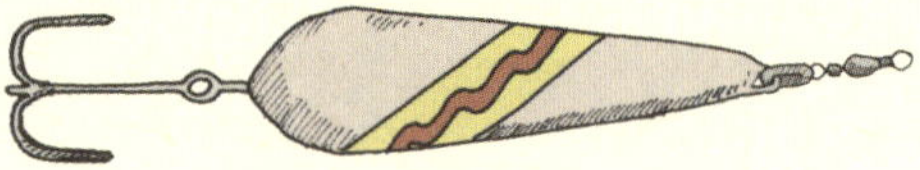

Cette cuiller classique vibre et lance des éclairs destinés à attirer les carnassiers.

Bien sûr, il existe suffisamment de leurres différents pour décorer un sapin de Noël, mais, comme toujours, la façon dont vous vous en servez compte plus que ce que vous pourrez acheter. Examinons les plus utiles :

Spinners et cuillers à l'ancienne

Ils sont faits pour onduler ou tournoyer dans l'eau, tout en propageant des vibrations et en brillant comme le feraient les écailles d'un vrai poisson. Certaines cuillers sont trop lourdes pour pêcher confortablement en eaux profondes parce que vous devez les ramener si rapidement qu'elles n'ont pas du tout l'air d'un vrai poisson.

Plugs

Il y en a de très nombreux, la plupart en plastique, et ils sont destinés à imiter le mouvement des petits poissons. Quelques pêcheurs préfèrent les fabriquer ou au moins les décorer eux-mêmes. Voici les principaux types :

- Plugs flottants et plongeants. Ils flottent puis, quand vous les rappelez, plongent grâce à leur aileron de devant. Plus vous moulinez vite, plus ils plongent en profondeur.
- Plugs flottants. Ils restent à la surface quand vous rappelez et imitent toutes sortes de petits mammifères ou d'amphibiens. En variant la manière de les ramener, ils battront l'eau de façon à attirer les carnassiers.
- Plugs plongeants. Ceux-ci restent sous la surface et sont utiles si vous pêchez en eaux profondes. Laissez le plug toucher la surface, comptez les secondes pour le laisser couler et commencez à ramener.
- Plugs suspendus. Ceux-là sont particuliers – quand vous les rappelez, ils plongent, quand vous stoppez ils ne coulent ni ne flottent, mais restent à la même profondeur en attendant que vous repreniez le rappel.

Fragile

En dépit de leur férocité, les carnassiers doivent être manipulés avec soin même si leur taille et leur agressivité peuvent amener des pêcheurs inexpérimentés à les traiter avec brusquerie. Vous aurez besoin d'un tapis de réception, d'un linge humide ainsi que de pinces forceps, de cutters pour les hameçons difficiles et de petites pinces.

Si vous n'êtes pas sûr de vous, allez-y avec un ami plus expérimenté. Il y a peu de choses plus satisfaisantes que de combattre un poisson, puis de le décrocher, le laisser récupérer et le remettre à l'eau pour le regarder repartir tout aussi fort qu'avant.

Leurres souples

Fabriqués en caoutchouc, ce sont les prothèses de la pêche au leurre. Ils peuvent adopter pratiquement toutes les formes et être manœuvrés par les mouvements de la canne. À mon avis, l'un des avantages des leurres souples est qu'ils sont munis d'hameçons simples plutôt que des hameçons doubles ou triples utilisés pour les autres types de leurres. C'est beaucoup plus facile ainsi de les retirer de la gueule des poissons.

Le fait que personne n'ait jamais vu un poisson comme ça ne l'empêchera pas d'attirer l'attention d'un carnassier affamé – et stupide.

COMMENT FATIGUER – ET RAMENER – UN POISSON

Parmi toutes les étapes requises pour attraper un poisson, aucune n'est aussi satisfaisante que le combat lui-même. La sensation qu'une créature vivante s'agite au bout de votre ligne est profonde et vibrante.

PETITS POISSONS

Les petits poissons sont faciles à ramener et vous n'aurez pas besoin de les fatiguer. S'il s'agit de menu fretin, prenez garde à ne pas abîmer leur gueule en les ramenant trop vite. Si vous pêchez avec des enfants, ne les laissez pas rallonger le « combat » ni jouer avec le poisson comme le chat avec la souris ; il serait épuisé et risquerait d'être attaqué par un carnassier. Tous les poissons en dessous de la taille d'une main adulte peuvent être ramenés sur la rive sans le secours d'une épuisette. Ne rejetez aucun poisson immédiatement à l'eau – vous lui causeriez un choc fatal.

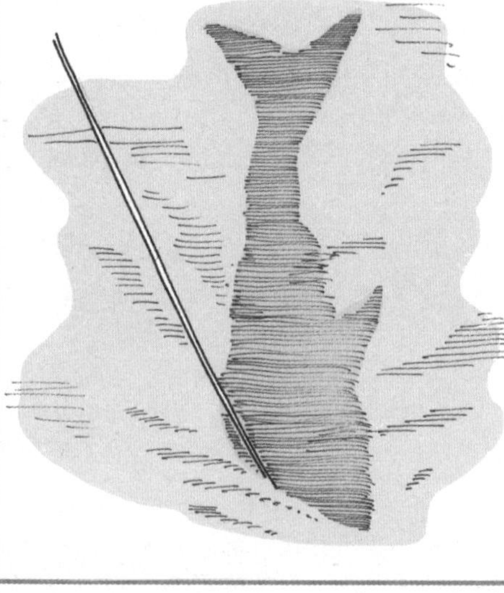

POISSONS DE TAILLE MOYENNE

Je classe dans cette catégorie tous les poissons au-dessus d'un kilo et demi, quelle que soit leur espèce. Vous lutterez davantage avec ceux-ci et il vous faudra exercer plus de tension sur la ligne jusqu'au moment où vous les amènerez dans l'épuisette (si votre ligne s'accroche voyez page 71 les stratégies à adopter). À moins de pêcher avec un matériel très léger, votre force et la puissance de votre matériel en feront un combat gagné d'avance même si vous serez surpris par la ténacité et la force de certaines espèces.

GROS POISSONS

Les poissons entre 1 kg et demi et 5 kg ne sont pas de gros poissons pour les pêcheurs de carpes et de brochets, mais pour la plupart des autres pêcheurs, il s'agit d'un événement qu'ils ne verront pas souvent. On passe aux choses sérieuses et vous pouvez vous attendre non seulement à une tension importante sur la ligne, mais aussi à ce que le poisson prenne de la ligne sur le moulinet. C'est sans problèmes si vous vous souvenez de régler le frein correctement. Si le poisson prend de la ligne trop facilement, vous devrez mouliner sans fin et vous n'irez nulle part.

L'un des moments les plus excitants du combat est celui où vous amenez le poisson à la surface et que vous pouvez l'identifier.

Garder un gros poisson sous pression est très important, surtout si vous vous servez d'hameçons sans ardillons.

SPÉCIMENS

Au-dessus de 5 kg n'importe quoi peut arriver. Il est très probable que le poisson pèse davantage que la résistance de votre ligne et cela signifie que vous allez devoir le laisser en prendre sur le moulinet en réglant le frein. L'alternative est de mouliner à l'envers mais je ne vous le recommande pas car vous cédez ainsi le contrôle au poisson. Si un gros poisson veut s'enfuir et développe assez de puissance pour que vous ne puissiez pas l'arrêter, laissez-le courir en maintenant la pression avec votre canne. Conservez la canne en hauteur et surveillez le poisson en suivant la ligne des yeux. Pour des poissons extrêmement gros, certains pêcheurs trouvent que la manière douce fonctionne mieux et qu'un monstre qui ne réagit pas à la force brute peut être amené dans le filet à force de cajoleries.

ÉPUISETTES

En ce qui concerne l'épuisette, il y aura quelques moments d'anxiété quand vous devrez détacher votre deuxième main de la canne pour attraper l'épuisette. Assurez-vous avant qu'elle est à portée de main et bien sûr montée et que vous l'avez trempée dans l'eau au préalable. Le plus important est de poser l'épuisette dans l'eau devant vous et suffisamment en profondeur – vous devez diriger le poisson au-dessus de l'épuisette puis simplement la soulever pour l'emprisonner. Si votre épuisette est trop près de la surface le poisson la verra et s'effrayera. Faites des essais avec de plus petits poissons ou avec un ami. Après cela, ramenez l'épuisette vers vous et agrippez le bord du cadre pour soulever le poisson hors de l'eau plutôt que de vous servir du manche.

En sécurité dans le filet, un gros poisson peut avoir besoin d'être maintenu doucement dans l'eau pour récupérer.

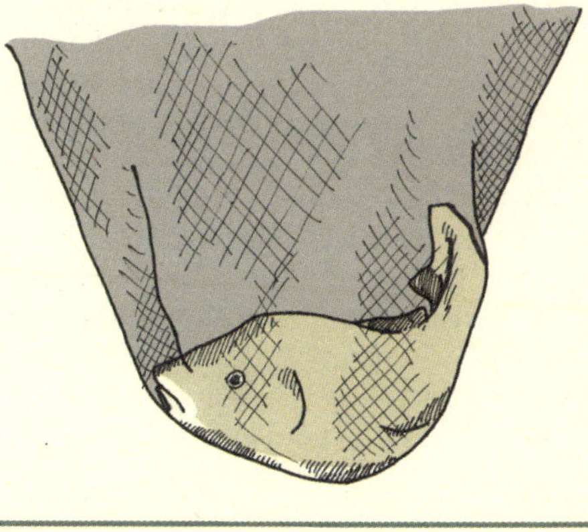

LA TRICHE

Les pêcheurs ont depuis longtemps la réputation d'exagérer leurs succès piscicoles. C'est totalement injuste comme j'ai l'intention de le prouver ci-dessous.

En tant que groupe, les pêcheurs se placent loin devant les autres sportifs en ce qui concerne les doléances authentiques. Les footballeurs plongent et se pincent les uns les autres quand l'arbitre a le dos tourné. Les golfeurs sortent des balles de leurs poches quand ils ont perdu la leur. Les boxeurs se laissent acheter, les chevaux sont dopés, les joueurs de cricket touchent la balle, les joueurs de hockey essayent de se frapper, les gymnastes s'affament et les coureurs prennent des stéroïdes… mais ce sont les pêcheurs qu'on accable. Nous ne le méritons tout simplement pas.

« T'as pris ça chez le poissonnier c'est ça ? » ricanent les incrédules sans même penser qu'aucune poissonnerie aussi exotique soit-elle, ne vendrait des chevaines ou des gardons. Les faits sont là toutefois pour stopper les insinuations. En réalité, je suis convaincu que la raison pour laquelle tant de pêcheurs ont ramené du poisson à la maison au début était que cela ferait taire leurs épouses.

Vient ensuite le sentiment tout aussi infondé que les pêcheurs exagèrent le nombre et la taille de leurs prises. Pourquoi voudrions-nous faire ça, sérieusement ? Ce n'est pas comme si la pêche était tenue en haute estime, ou qu'être pêcheur allait vous aider à draguer le samedi soir. Contrairement à un footballeur, un pêcheur n'a rien à gagner à tricher. La pêche peut être basée sur la tromperie, mais ceux qui la pratiquent sont généralement honnêtes.

Oui, j'ai vraiment pris cette morue dans l'étang du village, et, non, je ne savais pas qu'elles étaient déjà écaillées.

Voici un petit problème logique : un homme est affalé, mort, dans une cabine téléphonique, et ses bras sanglants pendent par les parois brisées de chaque côté de son corps. Le combiné se balance et une voix en sort qui dit : « Allo ? Allo ? Comment est-ce qu'il est mort ? »

Réponse : C'était un pêcheur, bien sûr, au téléphone avec un ami, en train de s'enthousiasmer au sujet d'un poisson qu'il a pris. « Il était gros COMME ÇA ! » a-t-il dit en oubliant où il était et en écartant les bras avec force. Ses bras ont brisé les vitres, qui lui ont coupé les veines et il a saigné à mort.

PÊCHER AVEC UN FLOAT-TUBE

Même si patauger vous amène plus près du poisson, l'eau est parfois trop profonde ou le lac trop grand. Bien sûr, vous pourriez vous servir d'un bateau mais tout le monde ne peut pas se le permettre, et donc, est-ce que ce ne serait pas génial s'il y avait quelque chose entre les deux ? Eh bien ça existe. Voici le float-tube.

Le float-tube est en fait une bouée. Vous le gonflez, montez dessus et pataugez jusqu'à l'endroit où vous voulez commencer à flotter. Une fois que vous flottez vous pouvez pêcher dans des coins que les pêcheurs depuis la rive n'atteindront jamais.

Est-ce que j'ai dit que c'était comme une bouée ? Pas vraiment. Il y a plusieurs design en fait. Des bouées comme celles des enfants avec des bras et un dossier gonflable, d'autres en forme de U ou de V qui ressemblent à des fauteuils gonflables et permettent de surplomber l'eau. Enfin les plus modernes ont des coussins multiples (pour la sécurité), des compartiments de rangement, des signaux fluorescents et même de quoi poser votre café – tout, quoi.

SE LAISSER FLOTTER

Pour profiter de votre float-tube, vous aurez besoin de pantalons étanches en néoprène et de palmes afin de rester au chaud et pouvoir vous déplacer. Rappelez-vous que vous vous déplacerez toujours à reculons dans un float-tube et qu'à moins d'avoir une ancre spéciale, vous dériverez autour du lac. En fait, étant donné qu'il faut bouger les jambes pour faire du surplace, vous devriez vous limiter à des sorties de deux heures au début. Assurez-vous aussi que votre boîte de pêche flotte et que vous portez un gilet de sauvetage.

Et à propos, préparez-vous à ce que ça devienne une obsession. Les pêcheurs en float-tube en sont fous et le regardent comme la chose la plus libératrice de leur vie. Commencez dans un cours d'eau tranquille avant de sortir sur une rivière et assurez-vous que c'est autorisé. Les pêcheurs des climats plus chauds ont un avantage sur nous, mais avec les vêtements adéquats, n'importe qui peut pêcher en float-tube.

Un pêcheur en float-tube typique (piscator fauteuillibus), au repos dans son habitat naturel – une truite dans une main et la télécommande dans d'autre.

VOITURE DE PÊCHEUR

À moins de pouvoir se permettre une voiture spéciale pour les sorties de pêche, il n'existe probablement pas de voiture de pêcheur idéale. Il vous reste à aménager la vôtre dans ce but.

La plupart des voitures servent différents objectifs et différents hobbies qui n'ont rien à voir avec la pêche. Un jour ou l'autre vous transporterez aussi des meubles dedans. Étant donné les qualités transformistes qu'on exige aujourd'hui d'une voiture moderne, le mieux que vous puissiez espérer est de vous servir de petits recoins insoupçonnés de tous.

Au minimum, votre voiture doit être assez grande pour loger vos cannes. Dans le cas contraire, on ne peut pas appeler ça une voiture et vous devriez en changer immédiatement. Si vous préférez transporter vos cannes déjà montées, vous aurez besoin d'une galerie. En supposant que votre voiture peut loger les cannes d'une façon ou d'une autre, un petit hayon sera suffisant pour transporter le matériel de trois pêcheurs et leurs bagages pour le week-end.

S'ORGANISER

Procurez-vous un de ces sacs plastiques inusables de supermarché et gardez-y vos bottes plus une paire de chaussettes de rechange. Je garde aussi une paire de tongs au cas où j'aie les pieds mouillés – le chauffage suffit à les réchauffer dans la voiture. J'ai aussi un vieux ciré dans le coffre, plus un short et un t-shirt pour les urgences, ainsi qu'une boîte de maïs doux et une de viande pour les jours où j'oublié mes appâts. Si je pouvais j'aurais un kit de voyage entier dedans, juste au cas où. On peut aussi mettre dans le coffre un siège pliant, avec une lampe-torche et une bouteille d'eau. Si vous êtes distrait ou n'avez pas de bonnes poches, mettez vos permis et vos cartes de membre dans la boîte à gants.

Une petite voiture ordinaire avec un hayon peut très bien servir de voiture de pêcheur – même si la vaporisation occasionnelle de désodorisants est recommandée.

DÉCROCHER UN POISSON DE L'HAMEÇON

Aussitôt que vous sortez le poisson de l'eau, que ce soit dans une épuisette, dans vos mains ou sur un tapis de réception, vous devez enlever l'hameçon de la gueule du poisson aussi rapidement et efficacement que possible.

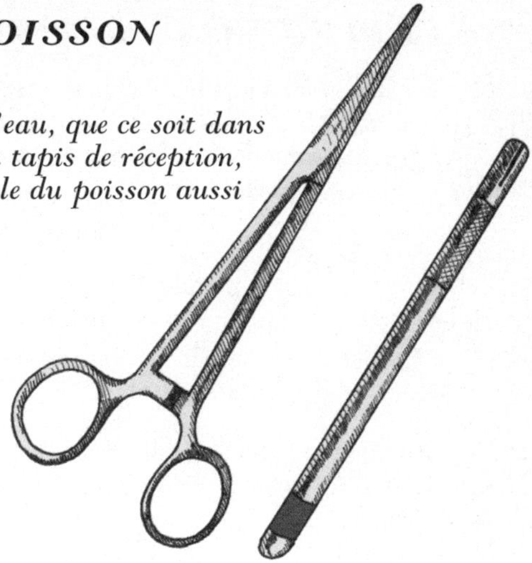

Le dégorgeoir et les ciseaux forceps sont des outils essentiels pour les pêcheurs concernés par le bien-être du poisson qu'ils ont attrapé.

La première chose que vous pouvez faire pour vous rendre la vie plus facile est de vous servir d'hameçons sans ardillons. Ils tiennent tout aussi bien que les autres sous tension mais ressortent beaucoup plus facilement. Les hameçons avec ardillons sont cruels et passés de mode et tout comme les appâts vivants, ils devraient être relégués dans la boîte à ordures.

Si l'hameçon est planté en pleine vue, dans la lèvre du poisson, vous serez tenté de l'enlever avec vos doigts. N'en faites rien car vous n'aurez probablement pas assez d'effet de levier pour l'enlever du premier coup. Utilisez plutôt une paire de pinces forceps de pêche qui vous permettront d'agripper solidement l'hameçon et faciliteront son enlèvement d'un tour de poignet. Les pinces forceps à bout long peuvent descendre profondément dans la gorge du poisson et sont très pratiques quand vous voyez ce que vous faites.

UTILISER UN DÉGORGEOIR

Si vous ne voyez pas ce que vous faites et devez vous en remettre au toucher, utilisez un dégorgeoir – une mince tige de métal ou de plastique avec une fente et une encoche au bout. Glissez la ligne dans la fente, enroulez le dégorgeoir autour de la ligne une ou deux fois, puis glissez-le le long de la ligne dans la gueule du poisson, jusqu'à toucher l'œillet de l'hameçon. Vous devrez rouler le dégorgeoir délicatement entre vos doigts jusqu'à ce que vous puissiez le pousser dans l'œillet. Après cela, poussez vers le bas pour détacher l'hameçon et retirez-le soigneusement.

Ça a l'air difficile ? Ne vous inquiétez pas, vous pouvez vous exercer. Attachez l'hameçon à un bout de ligne, accrochez-le dans quelque chose et allez-y. Pour faire plus vrai, essayez en vous servant d'un tube de plastique transparent, comme une paille courbée et pour que ce soit plus facile tendez la ligne en la tenant avec vos lèvres. Continuez à vous exercer car décrocher un poisson est au moins aussi important que d'être capable de l'attraper.

FAITES VOS PROPRES APPÂTS

Bien sûr, vous pouvez pêcher avec des appâts tout faits comme du pain ou des vers ou en acheter qui soient spécialement préparés, mais rien n'égale le plaisir de prendre un poisson avec un appât préparé par vos soins avec amour. Voici quelques recettes simples.

PÂTE DE CHÈNEVIS

Le chènevis est connu depuis des années mais peu de gens en font une pâte utilisable pour les gros poissons. Il a un autre avantage : les anguilles s'en fichent.

- ✦ Préparez votre chènevis en le laissant tremper dans l'eau froide une journée, puis faites-le bouillir jusqu'à ce que les graines se séparent. Égouttez et laissez refroidir.
- ✦ Faites-en une purée épaisse et ajoutez-en par petites quantités à un morceau de pâte à tarte de la taille d'un mouchoir.
- ✦ Faites attention à ajouter seulement de petites quantités. Si c'est trop mouillé l'appât ne tiendra pas sur l'hameçon.
- ✦ Encore une chose : le chènevis des magasins pour animaux n'est pas aussi bon que celui des magasins de pêche. Achetez-en un peu pour le tester d'abord.

PÂTE DE FROMAGE

Le meilleur des appâts. Vous pouvez lui donner toutes les couleurs et toutes les consistances, le rendre savoureux et odorant.

- ✦ Prenez de la pâte à tarte (de la taille d'un mouchoir), du fromage râpé, du parfum fromage et du colorant alimentaire bleu (vu plus facilement par les poissons en profondeur).
- ✦ Saupoudrez le fromage sur la pâte, ajoutez une douzaine de gouttes de colorant alimentaire et autant de parfum fromage.
- ✦ Repliez les coins de la pâte pour en faire un paquet grossier, puis malaxez le tout jusqu'à ce que les ingrédients soient mélangés.
- ✦ Vous pouvez congeler ce mélange.

Cuire le chènevis en fait quelque chose d'attractif.

Malgré les connotations cannibales la plupart des poissons adorent les boulettes de truite.

La viande en morceaux est un appât classique.

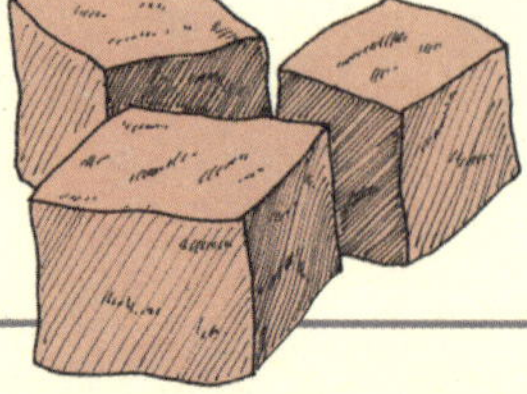

La pâte de fromage – le meilleur des appâts.

Pâté de truite

Une concoction très déplaisante qui pue le poisson. C'est un monde étrange qui fait que les poissons aiment manger ce qui sent le poisson. Mais comme c'est le cas, voici comment le préparer.

- Procurez-vous un litre de boulettes de truite et écrasez-les. Ce n'est pas facile à moins d'acheter un mixer bon marché. J'ai essayé une fois de rouler dessus avec ma voiture mais je n'ai obtenu que des boulettes partout sur la route…
- Ensuite, mélangez avec deux œufs crus pour en faire une pâte épaisse.
- Vous pouvez ajouter de l'huile de sardines ou de maquereaux en boîte, si vous supportez cette puanteur.

Viande au curry

Le truc est dans le mode de cuisson, pour non seulement mélanger le parfum du curry, mais aussi durcir la viande de façon à ce qu'elle reste sur l'hameçon.

- Coupez la viande en cubes grossiers et roulez-les dans deux cuillères à soupe de curry.
- Faites-la frire rapidement dans un peu d'huile jusqu'à ce qu'elle brunisse.
- Ces appâts peuvent aussi être congelés jusqu'à la veille de votre partie de pêche.

Pâte de pain

Un appât à l'ancienne mode qui fonctionne mieux avec les gros poissons que les asticots.

- Servez-vous de pain rassis car il est plus difficile de se débarrasser des grumeaux avec du pain frais. Coupez la croûte et humidifiez-le mais ne le faites pas tremper.
- Pressez l'excès de liquide.
- Enveloppez la pâte dans un linge propre et pétrissez-la.
- Si vous voulez l'améliorer, ajoutez un peu de blanc-manger fraise ou vanille.

Pâté de viande

Utile quand les poissons se méfient des cubes de viande trop bien formés (un autre truc est d'arracher des lambeaux de viande plutôt que de les couper avec un couteau).

- Prenez deux boîtes de conserve de viande et passez-les au mixer.
- Préparez une tasse de bouillon chaud KUB© ou de n'importe quel extrait de levure avec du bœuf et mélanger bien.
- Versez-la dans le saladier avec la viande et ajoutez de la farine petit à petit afin d'obtenir la bonne consistance.

Appâts hi-tech

Les possibilités sont illimitées de fabriquer vos propres appâts et c'est sans compter avec les stimulateurs d'appétit, les enzymes, les minéraux et autres régals que certains pêcheurs utilisent. Vous en saurez plus sur ces derniers aux pages 86 et 87.

PERMISSION DE PÊCHER

Il y a peu de choses aussi excitantes que de découvrir une nouvelle pièce d'eau. Toutes sortes de possibilités se présentent à l'esprit, notamment celle que les poissons soient moins méfiants que ceux qu'on pourchasse régulièrement.

La meilleure manière de trouver une nouvelle pièce d'eau est d'acheter une carte topographique ou de traîner dans les bars fréquentés par les pêcheurs. Les deux méthodes ont leurs avantages mais, bien que les bars soient plus marrants, les pêcheurs ont tendance à en rajouter, et rien de ce qu'ils disent ne devrait être pris au pied de la lettre.

Localiser une nouvelle pièce d'eau n'est toutefois que la moitié du travail. Vous devrez ensuite persuader le propriétaire de vous laisser pêcher dedans. Avec une bonne approche, les gens sont aussi faciles à capturer que les poissons. Voici quelques stratégies que je trouve utiles :

- Renseignez-vous autour tout d'abord – quelqu'un a-t-il été autorisé à pêcher ? La fille du propriétaire s'est-elle enfuie avec un pêcheur ? Le propriétaire rôde-t-il autour avec un fusil ?

- Quand vous frappez à la porte, reculez de deux pas, tenez-vous droit et souriez. Vous aurez l'air moins menaçant.
- Ne vous montrez pas fatigué, chargé de tout votre matériel – vous les effraieriez.
- S'ils paraissent indécis, essayez de trouver quelque chose que vous pourriez faire en échange – comme aménager un peu les abords de l'étang ou du lac.
- Expliquez que c'est seulement pour vous, et que vous n'êtes pas l'avant-garde d'une horde de pêcheurs.
- Expliquez que vous respecterez l'eau et l'environnement et que vous vous limiterez à quelques visites par an.
- Offrez de l'argent seulement quand tout le reste a échoué.
- Plus important, rappelez-vous de demander s'il y a du poisson.

Si tout marche bien, vous pourriez vous retrouver avec un petit lac ou un bout de rivière privés. Si c'est le cas, cela vaut la peine de créer une petite association pour gérer l'eau et la pêche. Ce sera une petite source de revenus séduisante pour le propriétaire. Par-dessus tout soyez poli et n'insistez plus après un non catégorique.

LE KIT DE PÊCHE PAR CORRESPONDANCE

C'est une introduction à la pêche pour le jeune garçon, le terrible combiné canne-moulinet qui vous attend dès que vous avez dit que vous vouliez pêcher.

La première chose qu'on puisse en dire, c'est que vous devriez vous abstenir. Cette canne télescopique avec sa collection d'accessoires singulièrement inutilisables promet des débuts difficiles comparée à ce que vous pourrez acheter tranquillement dans votre magasin de pêche local. Vous payerez sensiblement plus cher, mais acquérir un matériel avec lequel vous pourrez effectivement pêcher en vaut la peine.

L'équivalent moderne – le kit de pêche à la carpe – est bien meilleur mais uniquement si vous voulez camper et non pêcher. Les boutiques qui vendent encore des combinés canne-et-moulinet dans des housses en plastique transparent devraient être dénoncées. Elles iront en enfer à un étage spécial...

Malgré ce que montre la photo, il est très improbable que le propriétaire d'un de ces kits lève les pouces avec enthousiasme. Évitez-les.

LE SAC DE PÊCHE

Une de vos possessions les plus personnelles, le sac de pêche doit pouvoir contenir tout ce dont vous pouvez avoir besoin dans n'importe quelle situation, plus vos sandwichs et votre thermos. Impossible ? Bien sûr. Maudits sacs.

J'ai essayé des tas de sacs. J'ai eu une fois un sac à dos qui a duré jusqu'à ce que j'en fasse la démonstration à ma femme et que j'atterrisse sur le siège arrière de la voiture. J'ai eu un sac en cuir tout neuf qui a duré une saison et est tombé en morceaux, j'ai eu un sac de masque à gaz qui m'a servi pendant de longues années, et un panier en osier si cher que je n'ose pas l'échanger même si rien ne tient dedans. En désespoir de cause j'ai essayé de pêcher sans sac du tout, mais c'est un vrai bazar et on dirait que mes poches sont chargées de cannettes de bière.

MONTER UNE MOUCHE

On pourrait probablement remplir une librairie entière avec des livres sur le montage des mouches et les experts hocheraient encore gravement la tête de désapprobation. Ils vont adorer ces deux pages.

Je ne suis pas sûr de comprendre pourquoi les gens aiment monter leurs propres mouches. Ce n'est pas qu'il y ait pénurie de mouches déjà montées ou que des pêcheurs désespérés fassent la queue pour en avoir. Je suppose qu'à mesure que l'habileté grandit, on sent qu'on peut faire mieux que les fabricants, mais je soupçonne qu'il y a d'autres motifs.

Les pêcheurs adorent gloser à ce sujet : ajuster ce petit bout à celui-là, ajouter autre chose, l'enlever… Les pêcheurs à la mouche sont encore pires, car une pêche à la mouche réussie tient à beaucoup plus de choses qu'une mouche correctement imitée. J'ai vu des truites énormes prises avec une boulette de laine ou avec des choses terrifiantes pour moi, et plus encore pour le poisson.

Donc je suppose que c'est comme de faire son propre appât ou son propre vin. Il n'y a aucune chance que vous puissiez égaler un Merlot ou un Shiraz médaillé, mais si vous pouvez attraper un poisson avec votre mouche là où les autres échouent, imaginez votre satisfaction.

Les outils

Si vous voulez vous lancer dans le montage de mouches vous aurez besoin d'outils spécialisés et notamment d'un étau correct pour tenir l'hameçon en place. Vous pouvez le visser sur un banc ou une table. Assurez-vous qu'il puisse tenir aussi bien les petits hameçons que les gros – les étaux bon marché ne sont pas fiables.

Deux paires de ciseaux aiguisés à bouts très fins sont essentielles ; j'en recommande deux car vous en utiliserez une pour les matériaux durs et l'autre doit rester aiguisée. Une lame en dents de scie vous sera également utile. Les autres outils requis sont des pinces à hackles, un porte-bobine, un finisseur de nœud et une aiguille à dubbing. S'agissant de la pêche à la mouche artificielle, il y a des

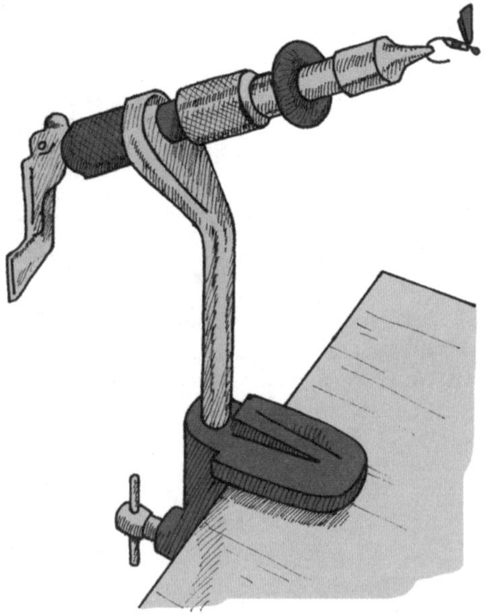

Un étau est indispensable. Il immobilisera aussi bien les petits que les gros hameçons et pourra effectuer des rotations de façon à ce que les matériaux puissent envelopper l'hameçon plus facilement.

dizaines d'autres outils que je n'ai pas mentionnés, mais ceux-ci sont les principaux.

Bien que les matériaux recensés ici soient largement utilisés, il n'y a pas de limites aux choses étranges qui peuvent servir à faire une mouche. En fait, si cela a une substance quelconque vous pouvez probablement l'utiliser.

Matériaux pour les mouches

Aussi expérimenté que vous soyez, il existe un éventail très large de fils, fourrures et fibres efficaces et reconnus de par le monde.

- ✦ Fil d'attache – habituellement du nylon en quelque couleur que ce soit.
- ✦ De la laine – utile pour donner un peu de volume à votre mouche. La laine chenille fonctionne bien.
- ✦ Le tinsel – qui est aujourd'hui fait en plastique pour ne pas ternir.
- ✦ Le dubbing – autrefois fait en fourrure, c'est aujourd'hui du polypropylène ou une autre fibre synthétique.
- ✦ La cire à dubbing – rend le fil poisseux ce qui vous permet d'appliquer le dubbing plus facilement.
- ✦ Hackles de coq – arrachées du cou des poulets pour fournir toutes sortes de mouches.
- ✦ Plumes – toutes sortes de plumes peuvent servir à créer les corps et les ailes de nymphes ou de mouches sèches.
- ✦ Soie floche – celle faite en rayonne est très efficace pour créer un corps effilé.
- ✦ Ciment de tête – pour sceller la tête sur le corps et stopper les fils. Fournit une surface lisse prête à être peinte ou à recevoir des yeux.

Méthode

Il n'y a pas une seule façon correcte de monter une mouche, mais il existe plein d'endroits où les débutants peuvent obtenir de l'aide. Votre bibliothèque a peut-être des ouvrages sur le sujet, vous pouvez achetez une vidéo ou un de ces supports interactifs sur ordinateur. Vous pouvez aussi trouver des cours dans votre ville. C'est la meilleure option car elle vous fera rencontrer d'autres passionnés.

Enfin, à moins d'avoir une vue exceptionnelle, vous aurez besoin de bonnes lunettes ou de loupes et d'une bonne dose de lumière. L'essentiel du travail d'un monteur de mouches est très minutieux et vos yeux se fatigueront.

FANTÔMES

Quand vous passez autant de temps dans des endroits solitaires à la tombée de la nuit (ce que Tolkien a appelé « l'heure froide d'avant le crépuscule »), il est inévitable que des choses étranges se produisent. En fait, ce serait encore plus étrange si elles ne se produisaient pas.

Les eaux semblent attirer les histoires de fantômes au moins autant que les pêcheurs. Il y a bien sûr le sinistre petit lac d'un domaine, avec la lueur des bougies au loin, les hurlements d'une femme, les rires lointains et les yeux flamboyants juste derrière votre coude. Mais c'est la même chose sur les bords d'un canal en ville avec les grandes ombres dans le brouillard et les soudains courants d'air glacé qui vous coupent le souffle. Ou les rives d'un étang où un chien perdu depuis des années appelle toujours son maître.

Votre lac préféré est-il hanté ? Il y aurait des endroits pires où aller après ma mort. Ça peut être amusant de rendre visite à quelques vieux amis, d'errer au-dessus du lac où j'ai perdu un poisson de 10 kg en 2004, de désarmer quelques détecteurs de touche ou de démarrer un moteur hors-bord... vous voyez, juste pour le plaisir. De toute façon, je me suis toujours pris un peu pour un pêcheur légendaire.

COLLISION DANS LA NUIT

Il se passe toujours quelque chose là où l'eau et la terre se rencontrent. Si vous pêchez seul la nuit, vous comprendrez ce que je veux dire. Il arrive toujours un moment où le monde bouge et où tout, autour de vous, devient étrange et un peu troublant. Je suis sûr que c'est pour ça que les pêcheurs font tant de bruit la nuit – siffler en passant devant le cimetière et tout ça.

Certains fantômes sont plus facilement explicables que d'autres. Le bruissement dans les bois est un rat ; le martèlement sur la rive, celui de votre copain venu vous emprunter de l'appât ; le courant d'air soudain, celui du coucher du soleil. D'autres sont plus difficiles à cerner : une renarde qui pleure dans la nuit est un son stupéfiant, qui ne peut se comparer à rien d'autre sur cette terre.

Un lac hanté, la tombée de la nuit, un pêcheur solitaire – que pourrait-il advenir de mauvais ?

PHOTOS

Tous les pêcheurs aiment se souvenir des poissons qu'ils ont pris, et jadis certains gros poissons étaient naturalisés. Aujourd'hui l'arme de prédilection du pêcheur pour commémorer est l'appareil photo.

Je n'ai ni la volonté ni la capacité de faire de vous un vrai photographe, mais je vous dirai quand même ceci : à moins d'être vraiment phobique de l'ordinateur, achetez un appareil numérique. N'importe quoi au-dessus de deux mégapixels fera l'affaire et vos photos seront pratiquement inratables.

Si vous pêchez avec un ami, prendre une photo est facile. En vous assurant que vos mains sont humides pour éviter les infections, vous maintenez le poisson avec une main passée sous sa tête et l'autre sous son dos. Certains pêcheurs tiennent le poisson par les nageoires, ne le faites pas. Assurez-vous que vous tenez le poisson au-dessus du tapis de réception ou d'un carré d'herbe grasse, de façon à ce qu'il ne tombe pas de haut s'il se tortille. Tenez-le loin de vous pour qu'il ne soit pas blessé par les agrafes de vos vêtements. Cette position a aussi l'avantage de faire paraître le poisson plus grand.

PHOTO EN SOLO

Pour prendre une photo seul, je ne suis pas un grand fan des retardateurs à moins que vous n'ayez un trépied. Poser l'appareil sur la fourche d'un arbre ne marche jamais avec moi et vous courez le risque d'y passer trop de temps pendant que le poisson suffoque. Tirez plutôt la tête et la queue du poisson gentiment hors du filet et positionnez la canne et le moulinet au-dessus ainsi qu'un flotteur ou quelque chose de petit. Cela encadrera le poisson et donnera une idée de sa taille. Penchez-vous le plus possible au-dessus du poisson, vous aurez un meilleur à-plat. Remettez le poisson à l'eau aussi rapidement que possible après, et si la photo est ratée, remettez-le à l'eau de toute façon.

Une photo joliment composée d'un poisson primé. Traitez-le avec précaution, c'est la meilleure façon de se souvenir de l'occasion.

LA PARTIE DE PÊCHE

Quand les pêcheurs peuvent se rassembler loin des pressions du travail et de la famille, ils sacrifient à un précieux rituel primaire – combien de poissons prendront-ils et qui prendra le plus gros ?

Je parlerai d'hommes qui vont pêcher ensemble car c'est ce que je connais, et les parties de pêche exclusivement féminines doivent être très différentes – beaucoup plus stressantes et compétitives.

Avant tout, définissons la partie de pêche. Cela implique un trajet et de rester sur place au moins pour le week-end, voire plus longtemps. Il faut prévoir le couchage – tente, van, maison d'hôtes – des moments de détente et au moins une soirée où tout le monde rentrera tard, imbibé et sans ses clefs, autrement ce ne serait qu'une longue séance de pêche.

Enfin je ne vous conseille pas de partir pêcher avec des gens que vous rencontrez pour la première fois. Tout le monde devrait connaître au moins une autre personne, cela facilite la dynamique de groupe.

S'assembler et se ressembler

Il n'y a pas de nombre défini pour une partie de pêche. Je connais des pêcheurs qui ne jurent que par les nombres pairs afin que personne ne se sente laissé pour compte (et cela facilite le partage des frais d'hôtel) mais je n'y vois aucun avantage particulier. La composition du groupe est plus importante que son nombre.

Il vaut mieux que la plupart des gens soient faciles à vivre mais ça ne fait pas de mal d'inclure quelqu'un qui soit un peu autoritaire, tire tout le monde du lit le matin et se charge des magasins locaux, des cartes, des permis... Les gens à éviter sont les frères querelleurs, les nouveaux mariés et tous ceux qui viennent d'arrêter de fumer.

Ces pêcheurs se préparant pour leur partie de pêche annuelle, ont tous la même question informulée : Qui a invité le Père Noël ?

Si vous voyagez en avion, vérifiez vos bagages. Vous devrez probablement acheter des étuis à cannes et vu qu'ils n'ont pas plus de 1,80 m vous ne pourrez pas caser votre deux-pièces de 6 mètres favori. N'essayez pas de prendre votre matériel en bagage à main, cela retardera tout le monde, mais enregistrez-le. Enveloppez et ficelez ensemble les sièges et les autres gros articles.

DORMEZ BIEN

L'installation et le partage des chambres posent toujours d'intéressants dilemmes. C'est une notion très particulière pour des hommes faits et peu importe que vous croyiez les connaître, leurs habitudes nocturnes soulèveront probablement bien des sourcils. Certaines sont surprenantes mais sans danger : s'endormir avec la radio, laisser la fenêtre ouverte, la télévision en veille, mais d'autres sont pires. Les plupart des hôtels interdisent de fumer mais vous trouverez des pêcheurs entreprenants, penchés à la fenêtre à la nuit tombée, tirant sur leur cibiche. Si vous avez un ronfleur, empêchez-le de boire et couchez-vous avant lui. Prenez ces arrangements au sérieux – pour un sport si sédentaire, la pêche est une affaire très fatigante.

(Ce n'est pas toujours aussi terrible. J'ai partagé une fois une chambre avec un pêcheur, qui racontait une histoire à sa fille au téléphone tous les soirs. La meilleure semaine de sommeil que j'ai jamais eue).

CHACUN LE SIEN

Si vous conduisez, désignez plusieurs conducteurs et faites-les tourner afin que chacun ait la chance de somnoler à l'arrière. Ne laissez rien de valeur dans la voiture car les voleurs organisés sont connus pour cibler les pêcheurs.

Variez la pêche pour les différents membres du groupe et ne forcez personne. Les pêcheurs à la mouche n'apprécient pas souvent la pêche au poser des poissons-chats avec des seaux de sang et des abats dans l'eau. Encouragez les gens à se diversifier.

Enfin, à votre retour, demandez à quelqu'un d'ouvrir un compte dans un service-photo sur Internet afin que tout le monde puisse profiter des photos de tout le monde. Cela évite la duplication de cd et leur envoi.

Un bon étui à canne est essentiel pour un pêcheur qui voyage, afin que le deux-pièces que vous emmenez n'arrive pas en cinq morceaux.

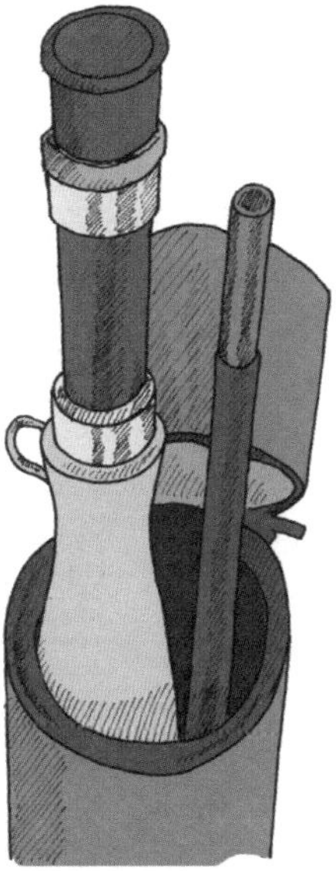

MYTHES DE PÊCHE

Tous les sports ont leur mythologie. Les histoires de pêche sont riches et variées, universelles et cependant personnelles. Comme toute bonne mythologie, elle est vivante et attend votre contribution.

Il y a le mythe du poisson monstre que j'ai déjà traité en page 38. Cependant, à côté de ces créatures désirables, il vaut la peine de mentionner un autre monstre qui a sa place au panthéon des mythes de pêche : le poisson tueur.

Tous les grands lacs en ont un : un carnassier mutant capable de gober un labrador. « Oh, et à propos, vous avez entendu parler du gosse qui a disparu dans le lac ? Tout ce qu'on a retrouvé, ce sont les restes de sa bouée couverts de morsures. » Ce genre d'histoire est très utile quand vous essayez de décourager une bande d'enfants décidés à nager là où vous êtes en train de pêcher.

Tandis qu'il prend le temps de se désaltérer, Médor ne se rend pas compte qu'il est suivi.

PRENEZ GARDE...

Une autre bonne histoire concerne le trou sans fond au milieu du lac. Il est souvent caché par un vieux matelas pourri, ce qui vous empêchera de le sentir sous vos bottes jusqu'à ce qu'il soit trop tard. Notre lac local avait un de ces trous et on racontait l'histoire d'une vache qui s'était aventurée là durant l'été et s'était noyée. Quand le niveau de l'eau est remonté, le trou est resté mais avec une vache dedans.

La plupart des lacs ont des sables mouvants invisibles sur leurs rives et – bien sûr – dans les meilleurs coins de pêche. Les enfants, écoutez les adultes !

Lancez-vous, créez vos propres mythes et n'ayez pas peur de les faire trop extravagants. Les pêcheurs sont des âmes généreuses et donneront généralement le bénéfice du doute au conteur. Ce qui me rappelle que je dois téléphoner au secrétaire du club et lui demander de fermer le lac principal. Je suis sûr d'avoir vu une ombre dans les bois la nuit dernière. Probablement un chat sauvage géant. Ou un ours. Mieux vaut prévenir que mourir.

LES AUTRES

À moins d'être assez heureux pour posséder un lac privé, il est probable que vous devrez partager votre calme et votre tranquillité avec d'autres gens. La plupart des utilisateurs de l'eau se frottent les uns aux autres plutôt pacifiquement, mais il y a inévitablement des moments de tension. Voici à quoi – et à qui – prendre garde.

La tranquillité est l'ennemi du pêcheur. Si vous avez l'habitude de rester immobile, les autres utilisateurs ne vous verront que quand ils seront sur vous. Il m'est arrivé par le passé d'être renversé par un cycliste, de me trouver emmêlé avec un géant dans un canoë, de recevoir des bâtons lancés à des chiens, d'être réveillé par les plongeons de quatre gamins juste devant moi et d'être heurté par une vache endormie qui allait boire. (Pour être honnête, je suis si content habituellement d'être invisible qu'être malmené ne m'ennuie pas.)

EXCUSEZ-MOI...

Par conséquent c'est aux pêcheurs furtifs de prendre les devants et de signaler leur présence. Un toussotement discret fait l'affaire. Au fil des années, je suis devenu habile à mesurer le volume de mon toussotement afin d'avertir la cible sans déranger le calme de la journée. Cela donne aussi aux promeneurs de chiens le loisir de contrôler la bête, avant qu'elle ne s'empare de vos sandwiches...

J'ai eu des démêlés avec des canotiers plus souvent que je ne m'en rappelle et je suis parvenu à la conclusion que la seule façon d'agir est de se comporter comme si vous étiez à bicyclette et eux en 4x4. Vous pouvez engager le débat – c'est-à-dire hurler des insultes au-dessus de l'eau – mais finalement il vous faudra mouliner, à moins d'accepter de perdre 50 mètres de fil. Vous pourrez toujours les rattraper plus tard et jeter quelques vers dans leur bonbonne d'eau fraîche. Non, je n'ai pas dit ça.

Les conducteurs ne m'ont pas trop ennuyé jusqu'à maintenant mais je pêche généralement dans de petites rivières profondes.

Les bateaux sont plus difficiles à manœuvrer que vous ne le pensez. Moulinez avant de vous trouver emmêlé avec l'un d'eux.

FABRIQUEZ UNE CARAFE À VAIRONS

Étant donné que je suis contre les appâts vivants, les lecteurs s'interrogeront sur le pourquoi d'une carafe à vairons. Eh bien, c'est amusant, on peut le faire avec des gosses et on a indéniablement du plaisir à regarder ces jolis petits poissons.

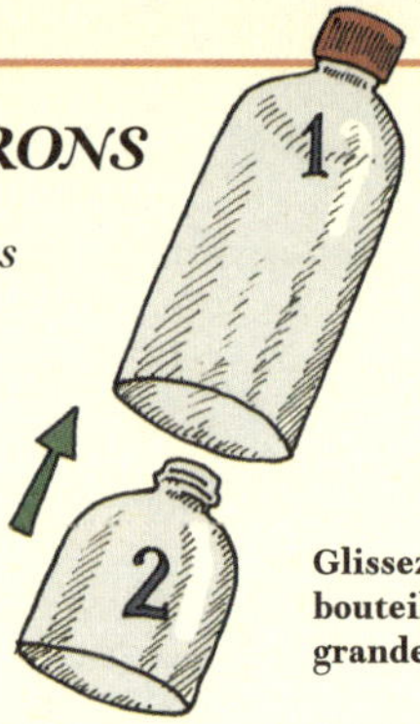

Glissez la petite bouteille dans la grande.

Assurez-vous que les deux goulots soient dans le même sens.

Gardez l'œil sur votre carafe. De petits poissons nageant dans un espace confiné en attireront inévitablement d'autres plus gros et un brochet est parfaitement capable de mordre dans une bouteille en plastique.

Il y a différentes manières de fabriquer une carafe à vairons – vous pouvez même en acheter une – mais celle-ci est la plus simple et la plus efficace. Tout ce dont vous avez besoin c'est de deux bouteilles en plastique de 2 litres, d'une paire de ciseaux aiguisée, d'une agrafeuse, d'un gros clou et de quelque chose pour le tenir sur la flamme. Et d'un peu de fil de pêche.

Commencez par couper le tiers inférieur d'une des bouteilles avec les ciseaux, puis coupez le tiers supérieur de l'autre bouteille. Vous devriez avoir deux tiers d'une bouteille avec le goulot intact (nous l'appellerons bouteille 1) et un tiers de l'autre bouteille avec le goulot intact aussi (bouteille 2). Si ce n'est pas ça, rachetez quatre litres de boisson gazeuse, buvez-les et recommencez.

Débouchez la bouteille 2 et placez-la à l'intérieur de la bouteille 1 de sorte que les deux goulots pointent dans la même direction. Vous avez ainsi une entrée qui permet aux vairons de se faufiler dedans sans pouvoir en ressortir facilement. Assemblez les bords avec des agrafes.

Tenez le clou sur une flamme avec un gant de cuisson par exemple, et si vous êtes un enfant, demandez à un adulte de le faire. Quand il est chaud, percez 10 trous autour du piège, ce qui le fera couler dans l'eau. Attachez le fil de pêche autour du goulot et mettez des petites miettes de pain à l'intérieur. Laissez le piège dans la rivière pendant environ deux heures. Puis retirez-le et déversez votre prise dans un pot en verre.

Vous ne pouvez pas garder les petits poissons très longtemps car ils ont besoin d'eau courante, mais ils sont passionnants à regarder pendant une heure. Et avec le poids record du vairon à 24 g actuellement, il y a une chance que vous puissiez… vous savez…

LES QUATRE SAISONS

« Il n'y a pas de mauvais temps, dit un vieux dicton il n'y a que de mauvais vêtements. » Je pense la même chose de la pêche et vous me trouverez sur la rive par tous les temps. Chaque saison a ses plaisirs et je les aime toutes.

Je ne comprends pas les gens qui ne vont pas à la pêche quand le temps est infect, ils manquent les meilleures touches. Un minuscule gardon attrapé quand vous avez les mains et le nez gelés est largement plus satisfaisant qu'une carpe énorme qui vous oblige à poser votre bière par un jour d'été paresseux. L'amour de l'adversité est ce qui fait de nous des pêcheurs.

Je me souviens d'être allé à ma rivière préférée à la recherche de chevaines pendant les inondations de janvier et de m'être aperçu que la proportion eau/terre avait changé drastiquement. J'en ai pris une et, encore plus satisfaisant, je l'ai prise à l'endroit où je fais pipi d'habitude. C'était un chevaine vraiment adorable, pleine de ressort.

Ray et moi avons pêché avec du gel sur nos anneaux de cannes – nous les cognions de temps en temps sur la rive pour nous en débarrasser – et nous avons pris un ou deux poissons. Pas tant que ça peut-être, mais ce furent des heures de grande camaraderie et après nous être traînés jusqu'à la voiture comme deux épouvantails gelés, nous avons connu les délices de réchauffer lentement nos pieds.

Je n'ai pas de saison préférée. Peut-être l'automne car la rivière est à son meilleur niveau, mais j'adore aussi juin et la façon dont les soirées s'étirent interminablement. J'ai toujours eu envie d'aller pêcher le matin de Noël mais je ne sais pas comment le présenter au shérif (ma femme). À moins que ce ne soit que pour une heure, un truc symbolique en compagnie de la bouilloire. Je ne prendrais peut-être même pas d'appâts.

La cinquième saison

J'ai gardé cette expression pour ces jours bizarres, dépourvus de continuité avec ceux qui les précèdent ou les suivent – une nuit d'été gelée par exemple ou des manches courtes à Noël.

LES VIVRES

L'homme peut vivre de pain, mais préfère généralement une bonne tranche de gâteau, des chips, du chocolat et de la soupe pour survivre. Particulièrement importants pendant les parties de pêche de nuit, les vivres font toute la différence.

Comme tout ce qui a à voir avec la pêche, ça a commencé quand on était petit et qu'on regardait en douce ce qu'il y avait dans le sac du goûter à l'école. Quelquefois c'était une déception, quelquefois une joie extravagante, mais le plus souvent c'était le début des échanges avec vos copains. Sur la rive on peut difficilement échanger autre chose que du poisson – et je suis convaincu que les poissons ont développé cet amour de la viande en conserve à cause de ces milliers de sandwiches jetés dans l'eau.

QU'EST-CE QU'IL Y A DANS LE PANIER ?
Quelle que soit votre situation familiale, vous finirez inévitablement par vous préparer vous-même à déjeuner et découvrir que manger recroquevillé sur la rive n'est pas si facile. Comment tenir la nourriture avec vos mains pleines d'asticots ? Et comment vous débarrasser rapidement de ce que vous mangez quand ça mord ? La nourriture laissée sur le sol, ou près du sol, a la propriété de galvaniser les limaces et mieux vaut ne plus penser du tout à mordre dans votre sandwich au jambon.

Par ailleurs d'autres situations sont à prendre en considération. Un chien m'a chipé mon dîner une fois et il y a aussi les pêcheurs gelés qui mendient du thé ou du café jusqu'à ce que votre thermos soit vide. Si vous mangez tout ce que vous avez à 10 h du matin, vous pourrez difficilement le remplacer. Le pire, toutefois, c'est quand vous trouvez votre sac vide et qu'après une seconde, votre mémoire vous présente clairement l'image de ce Tupperware laissé sur la table de travail de la cuisine.

Un pique-nique typique de pêcheur (acheté dans une station à essence sur le chemin).

Une boisson ?

Vous aurez aussi besoin de boire. Faites simple : de l'eau en été, une boisson chaude l'hiver. Limitez-vous à une bière quelle que soit la tentation. Il y aura toujours un moment où vous aurez besoin de toute votre tête – et de toute façon il vous faudra conduire jusqu'à la maison. La boisson et la pêche font de mauvais compagnons – si vous voulez boire dehors, allez plutôt à un festival de musique.

Les thermos sont bien, mais rien ne vaut une boisson chaude préparée sur un petit réchaud ou une « Kelly kettle » (voir page 26). L'eau bouillante est également utile pour réhydrater ces repas en sachet appréciés des randonneurs. En dépit de leur aspect, ils sont savoureux et faciles à préparer.

Une dernière pensée : les pêcheurs ont suffisamment mauvaise réputation sans laisser vos restes derrière vous. Jetez-les dans l'eau ou dans un buisson hors de vue pour les animaux et rappelez-vous qu'ils n'aiment pas plus le plastique et l'aluminium que vous.

Histoires de pêche

Patience

Si on m'avait donné une pièce chaque fois que quelqu'un m'a dit : « Pêcher ? Naaan, j'ai pas la patience », j'aurais assez pour m'acheter une nouvelle canne maintenant. S'ils savaient...

Vue du dehors la pêche semble être la quintessence de la contemplation. Rester assis sans rien faire, supposent les observateurs, doit aboutir à un état bienheureux de calme zen. Rien n'est plus loin de la réalité. Derrière ce calme apparent, l'esprit d'un pêcheur bourdonne de mille et une choses en rapport avec la pêche et – croyez-le ou non – avec sa vie.

Est-ce que je me sers du bon appât ? Est-ce que j'aurais dû commencer plus tôt ? Est-ce que l'hameçon est bien caché ? Est-il trop tôt pour une tasse de thé ? Qu'est-ce que c'était que ce bruit ? Est-ce que j'ai vérifié le bas de ligne ? Où est mon portefeuille ? Oh, un cerf. Est-ce que j'ai fermé la voiture ? Est-ce que c'était une touche ? J'ai bien annulé ce rendez-vous de 10 h ?

Et on s'étonne que nous rentrions à la maison épuisés.

COMMENT ÇA FAIT D'ÊTRE UN POISSON ?

Vous vous souvenez de Merlin l'Enchanteur, quand Merlin change Arthur en poisson et qu'il est poursuivi dans les douves du château par un brochet géant ? Vous vous êtes déjà demandé comment ce serait d'être changé en poisson un matin à votre réveil ? Eh bien voilà...

Se réveiller est la chose la plus facile du monde – vous n'avez même pas à ouvrir les yeux car vous n'avez pas de paupières. Vos yeux accommodent de nouveau et si vous êtes tombé dans la boue ou êtes coincé contre une racine d'arbre, vous vous secouez et commencez la journée.

La première chose que vous remarquez c'est combien tout est bruyant. Un casse-tête, considérant que vous n'avez pas de vraies oreilles. Voici l'explication scientifique : les sons sont des vibrations et vous les ressentez grâce à deux petits sacs remplis de fluide, munis de très fins capteurs qui envoient les messages à votre cerveau. Ce n'est pas tout : vous avez aussi un amplificateur intégré, appelé ligne latérale, qui court le long de votre corps. Ajouté au fait que l'eau transmet magnifiquement les sons, vous comprenez pourquoi c'est si bruyant.

C'EST QUOI ÇA ?

En regardant autour de vous, vous réalisez que vous ne pouvez pas voir très loin. L'eau est trouble, mais c'est aussi parce que vous avez la vue courte. Votre ligne latérale commence à sonner car quelque chose a heurté la surface et instinctivement vous remontez pour aller voir. Ce n'est pas avant d'être tout près que vous voyez que c'est rouge (les couleurs se comportent différemment sous l'eau et le rouge disparaît rapidement tandis que le bleu et le violet restent visibles à de grandes profondeurs). Mais il y a aussi toutes sortes d'autres bizarreries car, comme la plupart des poissons, vous pouvez voir les ultraviolets.

Et qu'est-ce que c'est que cette odeur ? Oui car, bien que vous ne respiriez pas au travers, vos narines sont très sensibles. Tandis que vous aspirez l'eau, vos cellules olfactives font le tri parmi les signaux chimiques, pour déterminer de quoi il s'agit.

Finissons-en, voilà vos copains, donc en file, pas de bousculade, ne perdez pas votre place et faites en sorte de ressembler à un seul gros poisson pour que personne ne se fasse manger. Pas aujourd'hui du moins.

Vous avez l'air de ne pas capter grand-chose mais vous êtes en fait une créature hautement sensitive et perfectionnée. Vous pouvez entendre un pêcheur décharger son matériel à 500 mètres de là.

ACCROCHÉ

Au début, quand vous ne prenez que du menu fretin, il y a peu de chances d'accrocher votre ligne à moins d'être particulièrement maladroit. Mais quand vous hameçonnez un gros poisson… c'est une autre histoire.

Mon meilleur conseil à ceux qui pêchent dans des coins encombrés est d'en tenir le poisson éloigné – ou alors de ne pas y pêcher. Malheureusement les pêcheurs savent que les poissons ont le chic de nager dans des coins qui offrent un accès rapide aux arbres submergés, aux vieux châlits et autres chariots rouillés.

Serrez le frein de votre moulinet – s'il est trop lâche vous ne pourrez pas contrôler un poisson de taille moyenne. Quand vous ferrerez, faites-le un peu rudement en sorte que le poisson sache à qui il a affaire. Maintenez la tension en permanence – surtout si vous vous servez d'hameçons sans ardillons – et tout ira bien.

Sauf que non. Vous avez fait tout comme il faut et le poisson s'est arrangé pour se faufiler dans un encombrement de racines d'arbres. Que faire ? Eh bien je suis partisan d'une solution totale en trois étapes.

Étape 1, vous essayez de tirer le poisson de là. Pas le tirer littéralement, mais jusqu'à ce que vous sentiez que vous êtes à 20 % de casser votre ligne. Si ça ne fonctionne pas, réduisez la tension d'environ 30 à 40 % en sorte que la canne soit courbée mais que le poisson ait encore un peu de latitude. Puis attendez. C'est dur mais ça marche. Laissez-lui le temps et il finira par s'extirper de l'encombrement et reprendra la lutte. Si aucun mouvement ne se produit, passez à l'étape 3 – laissez aller complètement la ligne en sorte que le poisson ne ressente plus de tension. Attendez. Vous serez surpris de voir qu'il ressortira de lui-même. Avec un sourire mauvais, vous pourrez alors resserrer le frein et recommencer à zéro.

Les poissons peuvent trouver des cachettes en un instant. Les en tirer requiert chance et patience – mais gardez à l'esprit que c'est possible.

TRANSMETTRE

Personne ne m'a appris à pêcher et c'est parfait. J'ai appris à ma manière, commis des erreurs et en regardant autour de moi, j'ai fini par devenir le pêcheur que je suis – imparfait, patient, négligent, obsessionnel et superstitieux. Franchement il est étonnant que j'attrape quoi que ce soit.

Si la pêche a un avenir – et certains disent que non –, les pêcheurs d'aujourd'hui devraient s'assurer que les enfants prennent la relève. Cela signifie que tous les pêcheurs ont un devoir de transmission, personnellement, ou en tant que membres d'un club de pêche.

Si vous avez l'intention d'apprendre à un enfant à pêcher, fournissez-lui du bon matériel. On pourra toujours lui parler de faire du neuf avec du vieux quand il aura le tour de main, mais pour commencer, une bonne canne et un bon moulinet lui feront aimer la pêche et persévérer même s'il ne prend rien. Vous-même, c'est avec une Xbox 360 et non des dominos que vous pêchez en compétition.

Encourager

De la même manière, emmenez-le dans un coin où il y a beaucoup de poissons afin qu'il ait des touches. Il n'a pas besoin de ramener un gros poisson, même un tout petit l'encouragera – mais sentir qu'on a une chance est important.

Vous devrez décider si vous pêchez vous-même ou non. J'ai fini par laisser mon matériel à la maison car aider quelqu'un à appâter, lancer, mouliner et fatiguer le poisson est un boulot à plein temps. S'asseoir près d'un enfant et lui parler surtout quand rien ne se passe est utile. Les enfants peuvent être remarquablement patients et si vous les faites profiter de votre expérience et de votre savoir concernant ce qui se passe sous l'eau, leur intérêt ne faiblira pas.

Racontez-leur les poissons que vous avez pris et emmenez-les voir les autres pêcheurs. Encouragez-les à poser des questions. Si vous ne connaissez pas la réponse, dites-leur que vous chercherez. Enseigner la pêche est un apprentissage qui inclut le professeur. Alors transmettez votre savoir.

L'ASSOMMOIR

Bien que la plupart des pêcheurs remettent le poisson à l'eau, on a quelquefois la chance de prendre un poisson susceptible de constituer un bon dîner. Dans ce cas, l'important est de savoir comment tuer le poisson rapidement et humainement.

J'ai un problème avec mes amis qui pêchent en mer. Ce sont de bons garçons mais ils laissent leurs prises suffoquer au fond du bateau sans s'émouvoir. Ce n'est pas bien. Je sais que la mer a l'air sans limites – et le poisson aussi – mais c'est en fait une erreur de raisonnement qui encourage les pêcheurs à maltraiter les poissons. Il est tout à fait acceptable de tuer un poisson pour le ramener à la maison – mais de quelle manière ?

Bim, bam, merci madame

De toutes les méthodes que j'aie testées, la plus fiable et la plus pratique est l'assommoir – une courte et lourde matraque avec laquelle vous frappez la tête du poisson juste derrière les yeux. Le coup doit être assené avec force sinon le poisson sera seulement assommé. Tenez le poisson avec un chiffon et si vous n'êtes pas sûr de vous, frappez deux fois.

Plusieurs autres méthodes m'ont été suggérées au fil des années, mais je les ai trouvées soit trop compliquées soit trop sanglantes pour les inclure ici.

Vous pouvez acheter un assommoir dans la plupart des boutiques de pêche. Les modèles de base en aluminium et acier inoxydable sont bon marché, mais vous paierez davantage pour ceux en bois et en cuivre. Vous pouvez aussi vous servir d'un outil de chez vous comme une grosse clé à écrous – de préférence à un marteau dont l'extrémité est trop étroite. Certains assommoirs sont pliants – plus de détails en page 100.

En anglais nous les appelons « priests » (Prêtres N.d.T.), sans doute parce qu'ils servent à administrer les derniers rites aux poissons et les mettre sur la table avec efficacité et dignité. Si vous vous souvenez de cela, vous pourrez pêcher, ramener le poisson et le manger en toute bonne conscience.

Un assommoir en cuivre ou en acier inoxydable est la façon la plus efficace et la plus humaine de tuer en poisson quand vous avez l'intention de le manger au dîner.

À LA CASSEROLE

Le poisson a été longtemps salué comme une alternative saine à la viande, riche en acides gras essentiels, en vitamines et en minéraux. Toutefois, récemment, on a commencé à dire que les poissons absorbent trop de polluants pour être consommables sans risques. En pleine confusion ? Attendez d'avoir ajouté la pêche à l'équation.

Je ne l'avais pas remarqué la première fois mais en relisant la bande dessinée de Bernard Venables, *Fishing with Mr. Crabtree in All Waters* (Pêcher dans toutes les eaux avec Mr Crabtree Bernard Venables (1907-2001) est l'auteur de bandes dessinées très populaires en Angleterre, destinées à faire connaître la pêche au grand public. Non traduites en français), un détail a attiré mon attention. Après une autre partie de pêche réussie, Crabtree et Peter se retrouvent avec une belle perche, que le maître commente ainsi : « Superbe ! Quel délicieux repas il fera ! Il y a peu de poissons de mer ou d'eau douce qui le surpassent en goût. Il sera très bon grillé ou au four ». Attendez une minute : manger une PERCHE ?

Bien sûr. C'est ce que les gens faisaient dans les années 60 quand ils ne connaissaient pas encore la langoustine ou l'espadon, longtemps avant d'avoir été bernés par les sushis. En ce temps-là on était très content de mettre un poisson dans la casserole. Et si ce n'était pas une truite ou un saumon, il y avait toujours du brochet ou la perche de Crabtree.

JEÛNER AVEC DU POISSON

Naturellement l'habitude de manger du poisson d'eau douce a son origine dans la religion. Originaire d'Asie, la carpe a été introduite en Europe par les moines au XIIIe siècle. Ils étaient peut-être reclus mais ils savaient se nourrir pendant les jours de carême. Les carpes étaient faciles à engraisser avec les restes des cuisines et faciles à attraper avec un filet.

Il existe de nombreuses recettes pour cuisiner le poisson d'eau douce, et aucune ne prévoit de le faire bouillir avec la tête et la queue.

FIN D'UNE ÉPOQUE

Pourquoi manger du poisson d'eau douce n'est-il plus aussi populaire ? Pour les raisons habituelles : cherté et rareté. Ajoutez à cela le goût fort, le fait que les gens ne puissent pas distinguer un bon poisson (brochet) d'un très mauvais (chevaine), et le désir croissant depuis les années de 70 d'ignorer les sources de la nourriture au profit d'aliments emballés et congelés et il n'y a pas de quoi s'étonner.

De plus, même les pêcheurs – qui sont particulièrement lents – ont fini par comprendre que s'ils mangeaient le poisson pris, il ne serait plus là la semaine suivante pour être repris. À mesure que la pêche est devenue plus populaire et que la pression sur les eaux a augmenté, relâcher le poisson est devenu la norme.

Autant que je sache, toutefois, il n'est pas illégal de ramener un poisson à la maison pour le manger. Les propriétaires de pêcheries et les riverains peuvent vous menacer mais je crois que tout ce qu'ils peuvent faire c'est de bannir le contrevenant ou peut-être essayer de le faire arrêter pour vol.

Jusqu'à une date récente, rien de tout cela ne posait de problèmes, mais, avec l'ouverture de l'Union Européenne, des travailleurs d'Allemagne, de Pologne, et des Républiques Tchèque et Slovaque sont arrivés, pour qui le poisson d'eau douce constitue un plat traditionnel. Pas étonnant qu'ils reluquent le monstre local. Le problème ne peut pas être résolu avec quelques panneaux puisque les nouveaux arrivants ne maîtrisent pas bien la langue. Il faut s'attendre à ce que quelques postes de pêche n'en vaillent plus la peine. La presse spécialisée – et même nationale – a essayé d'en faire une montagne en citant des pêcheurs anonymes menacés par des Klaus, Ziggy, Laszlo ou Janko qu'ils avaient trouvés, errant sur les berges avec un sac plein de carpes, mais ce ne sont que des idioties bien sûr.

Remarquez, ce doit être frustrant de rencontrer pour la première fois un gros poisson, qu'on a poursuivi pendant des années, entre deux tranches de pain.

Pêcher les hors-d'œuvre

Je me souviens d'une époque où des dames qu'on aurait normalement vues prendre le thé ou aller à l'opéra, organisaient des parties de pêche au goujon sur la Tamise, avec l'intention d'en manger. Ça m'a toujours frappé comme étant plutôt excitant. Incroyables les choses qui titillent un jeune garçon assis sur la berge.

MALCHANCE

J'ai parlé ailleurs du pouvoir bénéfique de la chance que les pêcheurs futés tentent de cultiver, mais la clé réelle du succès en pêche est d'éloigner la malchance. À quoi donc devez-vous prêter attention ?

À mesure que je prends de l'âge, il y a certaines choses que j'évite, comme les aliments gras, le mauvais whisky et les bourriches. Les trois dernières fois que j'ai pris ma bourriche, je n'ai pas eu une seule touche. Après l'avoir oubliée, j'ai pris mon plus gros poisson. La fois suivante je l'ai donc prise en prévision d'un autre monstre. Rien. Ça a continué comme ça jusqu'à ce que même mon cerveau embrouillé finisse par comprendre, et j'ai vendu la bourriche (à ce stade, même l'avoir à la maison me portait la guigne).

Banane en bateau

Une incertitude similaire entourait l'épuisette. Je savais qu'il n'était pas question de partir sans mais aurais-je dû la monter avant de lancer ou était-ce trop présomptueux ? Comme un idiot j'ai essayé les deux façons et ce n'est qu'en prenant une grosse truite arc-en-ciel que j'ai réalisé qu'il me serait impossible de la ramener sans épuisette. Argl, la malchance s'était déguisée en chance et m'avait piégé. Il me faudrait des années passées à cracher sur l'appât, à ne jamais changer de canne, et à ne jamais dire « banane » sur un bateau avant d'avoir fait pénitence et d'être autorisé à monter mon épuisette immédiatement.

D'autres talismans véreux ? Un nouvel appareil photo porte la poisse, ainsi que de nouvelles bottes ; une chemise propre est de mauvais présage, et la dernière fois que je suis allé pêcher un vendredi 13, pas moins de trois personnes sont tombées à l'eau à des moments et des endroits différents.

Enfin, même si cela n'entre pas vraiment dans la catégorie chance – bonne ou mauvaise – ceci va avec la nature superstitieuse de cette page. Les poissons sentent quand vous roulez une cigarette ou que vous débouchez votre flasque et des siècles d'évolution leur ont appris à attendre que le pêcheur assoiffé se serve avant de mordre à l'appât. Si vous pensez que c'est de la malchance, ils vous auront encore…

En dépit de son rôle un peu confus dans la chance ou la malchance, si un chat noir vous tourne le dos…

VOTRE PREMIÈRE CANNE

Votre première canne est comme votre premier baiser. C'est l'aune à laquelle toutes les suivantes – et les suivants – seront jugés. Elle vous lance dans votre vie de pêcheur et exerce une subtile influence sur les techniques dont vous vous servez. Si vous êtes comme moi, vous avez probablement plusieurs « premières » cannes.

Ma première canne a été fabriquée par mon père. Quand je dis « fabriquée » – il a seulement pris un bambou dans le jardin et vissé dessus une demi-douzaine d'anneaux de rideaux. Nous avons ajouté le moins cher des moulinets en bakélite, du fil de 2,7 kg, quelques flotteurs, des plombs et des hameçons et j'étais prêt. Bien sûr elle ne pliait pas du tout et le moulinet ne moulinait pas vraiment, aussi je pouvais lancer le bas de ligne dans l'eau mais pas beaucoup plus.

NOUVEL ESSAI

Ma deuxième canne était le résultat de l'ignorance et d'un vendeur peu scrupuleux. Nous étions en vacances en Cornouailles et ma canne de bambou ne rentrait pas dans la voiture, alors nous sommes allés en acheter une autre et sommes revenus avec un ensemble pour débutants – pour la pêche en mer. Je vivais à 150 km de la mer. Longue d'1,80 m, avec une poignée en bois, elle était davantage destinée à ramener des requins que les petits poissons de mon étang.

Elle avait aussi un moulinet à bobine fixe mais je croyais bêtement que les meilleurs pêcheurs se servaient de fil lourd aussi le mien était chargé d'un fil de 6,3 kg. Il était presque impossible de pêcher avec ça. Le fil dégringolait du moulinet en boucles incontrôlables et enfiler un hameçon de 16 était une vraie histoire de chameau à travers le chas de l'aiguille, mais j'ai persévéré pendant plus d'un an.

Souvenez-vous de ce qu'on dit à propos des cannes : leur première fonction est d'attraper les pêcheurs pas les poissons. Vous êtes prévenu.

La troisième était une canne pour tous usages en fibre de verre longue de 3,50 m. C'est avec elle que j'ai sorti mon premier barbeau, pris ma première brème, ma première tanche, mon premier carassin. C'était ma première vraie canne et, couplée avec un moulinet Mitchell 324, c'est devenu la canne de ma vie de pêcheur.

Jusqu'à ce qu'apparaisse ma quatrième canne…

LA TENUE DE PÊCHE

Bien que j'en entende certains protester, on dit que les pêcheurs ont une façon de s'habiller pire encore que les golfeurs. Je veux dire, vous avez vu ce que porte le pêcheur de l'année ?

Voici ce qu'un pêcheur bien habillé porte cette année – sauf que les pêcheurs sont rarement bien habillés. Quel que soit votre style, optez pour les couches superposées afin de rester au chaud.

Globalement les pêcheurs ne se préoccupent pas de ce qu'ils portent – à quelques exceptions près comme nous le verrons plus tard. S'il était possible de se téléporter de la maison à la rivière et retour, personne ne nous verrait sauf les autres pêcheurs, mais en l'occurrence les possibilités de catastrophe vestimentaire ne sont que trop nombreuses.

Ce que le public ne comprend pas (ni la famille), c'est qu'un pêcheur ne s'intéresse pas le moins du monde à la mode et qu'il souhaite seulement rester au sec et au chaud. Il y a peu de passe-temps qui requièrent de rester dehors toute la journée sans bouger, et croyez-moi nous avons besoin de confort.

WHO'S WHO

Du coup, toutes sortes d'expérimentations et de mélanges vestimentaires peuplent nos lacs et nos rivières de gens qui ressemblent à des clochards. Le fait que les pêcheurs viennent de tous les milieux sociaux et que leurs vêtements, universellement affreux, ne peuvent les distinguer les uns des autres ne fait qu'ajouter au piquant de l'affaire. Je me rappelle un homme, rencontré sur un petit bras de rivière, qui avait l'air d'avoir dormi dans les buissons. Nous avons eu une très intéressante conversation sur le montage des mouches et j'ai offert de le ramener. Il a refusé, merci beaucoup, et a disparu dans un bosquet. J'ai tristement supposé qu'il avait un quelconque couchage quelque part et je suis monté dans ma voiture pour partir. Quelques minutes après, il m'a dépassé au volant de ce qui m'a semblé être une Touring Limousine Rolls-Royce Silver Spur III. Un modèle dont il n'existe que 91 exemplaires si je me souviens bien.

Tout comme pour le camping, le secret pour la pêche est de superposer les vêtements pour garder la chaleur et d'ajouter une couche imperméable pour la pluie. N'importe quel magasin de vêtements peut faire l'affaire et vous coûtera moins cher qu'une boutique de pêche ou de vêtements de sport. Ce dont vous avez l'air n'a aucune importance. En fait, plus c'est extravagant mieux c'est.

PÊCHEURS SOLDATS

Et maintenant les exceptions. En ce qui concerne les vêtements, les pêcheurs de compétition adorent les couleurs éclatantes (alors qu'il est clair que les poissons ne les aiment pas du tout) et sont fous de technologies telles que les détecteurs de poissons et les moteurs de bateaux. D'un autre côté, les pêcheurs soldats voudraient être des chasseurs mais ils n'en ont pas l'occasion – ou probablement pas le courage – et compensent donc en s'habillant comme des arbres et des buissons. Je n'arrive pas à les regarder, ça me donne le tournis, mais rendons-leur justice, ils sont difficiles à repérer. En fait je suis presque certain de m'être assis sur l'un d'entre eux une fois, d'avoir lancé plusieurs fois, attrapé une truite arc-en-ciel et d'être reparti. Le type n'a pas bougé.

Bien que des vêtements type camouflage présentent certains avantages, je ne suis pas convaincu de leur supériorité sur les teintes discrètes.

HISTOIRES DE PÊCHE

Appâts dégoûtants

Quand il s'agit de saleté et de sang, les pêcheurs d'eau douce ne peuvent rivaliser avec leurs compères de la pêche en mer. Ce qui ne veut pas dire qu'ils n'essayent pas toutefois...

Les larves de mouches et les vers sont plutôt déplaisants, mais ils ne devraient pas rebuter même un pêcheur occasionnel. Les limaces, c'est une autre histoire. Impossible de se débarrasser de leur bave qui colle à vos doigts et vos vêtements (c'est sûrement ce truc qui sort des poignets de Spiderman), et les pêcheurs intelligents ont une technique pour les accrocher sur l'hameçon sans les toucher.

Quant aux appâts qui vous mettent carrément les larmes aux yeux, voyez les pêcheurs de poisson-chat. Ça vous dit un hamburger cru mélangé à du blé soufflé et de l'ail en poudre ? Un hot-dog mariné dans le coca par une longue et chaude nuit d'été ? Des cœurs de poulet mixés avec des gésiers et de l'huile de poisson ? Des abats cuits dans le sang de porc et écrasés avec du son ? Vu son régime, pas étonnant que le poisson-chat ait un drôle d'air.

PÊCHER EN BATEAU

Pour beaucoup de gens l'idée de pêcher en bateau est le plaisir personnifié. Il combine l'excitation anticipatrice de la pêche et l'amusement sans retenue de la navigation.

Naturellement, le plus important dans un bateau c'est la sécurité. Ce qui signifie que vous devez savoir nager, emporter un gilet de sauvetage pour chacune des personnes embarquées et partir au moins à deux. Oh, et dire aussi à quelqu'un que vous sortez en bateau et que vous le rappellerez à votre retour. Ainsi, si vous ne revenez pas, ils peuvent donner l'alarme.

Réduisez l'équipement au minimum dans un bateau. Partagez l'épuisette, la boîte d'appâts et ainsi de suite avec votre compagnon. Si vous n'avez jamais fait de bateau, exercez-vous dans des endroits peu profonds et essayez d'apprendre à faire pipi par-dessus bord, vous en aurez besoin.

Bien qu'on pêche généralement en bateau pour pouvoir couvrir de grandes surfaces, être capable d'atteindre de petits coins que personne ne connaît est tout aussi fantastique. Résistez toutefois à la tentation d'aller directement au milieu du lac. Les poissons adorent patrouiller le long des berges là où elles s'étagent dans l'eau plus profonde. Sonder les profondeurs vous aidera à trouver le meilleur poste et vous pourrez monter l'équipement adéquat. Vous serez surpris du nombre de poissons que vous pouvez prendre depuis un bateau.

Ne faites pas de bruit, réduisez vos mouvements au minimum, et vous découvrirez que vous pouvez pêcher très près du bateau sans effrayer les poissons. C'est pourquoi la pêche en bateau est idéale pour les débutants qui ne savent pas lancer très loin. Enfin rappelez-vous qu'il fait toujours plus froid en bateau et couvrez-vous en conséquence. Ne prenez un parapluie que si vous vous fichez de le perdre par-dessus bord.

Pêcher en bateau vous permet d'atteindre des coins inaccessibles aux pêcheurs de la rive et d'y pêcher confortablement. Assurez-vous d'avoir pris toutes les précautions liées à la sécurité.

NETTOYER UNE TRUITE

Pêcher et manger votre nourriture implique de la préparer correctement. Si vous n'avez jamais vidé et nettoyé un poisson auparavant, vous devriez probablement le faire dans le jardin les premières fois, juste au cas où.

Vous aurez besoin d'une truite (d'une taille correcte, selon ce que votre pêcherie vous autorise à rapporter à la maison) et d'un couteau aiguisé. Quelques chefs recommandent un couteau à lame courte, mais à mon avis ça n'y change rien. Une petite cuillère est également utile.

Allons-y. Lavez-vous les mains. Placez la truite de côté sur une planche à découper, la tête du côté opposé à votre main dominante. Prenez le couteau et coupez la peau à l'anus avec la pointe. Faites attention à ne pas pousser le couteau trop loin ou vous crèveriez le sac à l'intérieur, ce qui polluerait la chair du poisson. Continuez à couper jusqu'à ce que vous atteigniez la gorge. Raclez les intestins avec vos doigts (ou avec la petite cuillère si vous êtes sensible) et jetez-les. Regardez dans la cavité et si vous voyez une fine ligne rouge courant sur toute la longueur, il s'agit de la veine rénale. Enlevez-la avec la petite cuillère et jetez-la aussi.

Sciez la tête juste derrière les ouïes et coupez la queue. Puis au lieu de la laver sous l'eau, essuyez-la dedans et dehors avec un torchon humide, cela lui gardera son goût.

Vous pouvez la cuire sur un barbecue ou la mettre au four, enveloppée d'aluminium. Ou alors lever des filets. C'est difficile à expliquer et vous ferez un gâchis les premières fois – je l'ai fait. Examinez ce qui reste du poisson. Vous devez glisser le couteau entre les côtes et la chair, en restant aussi près que possible

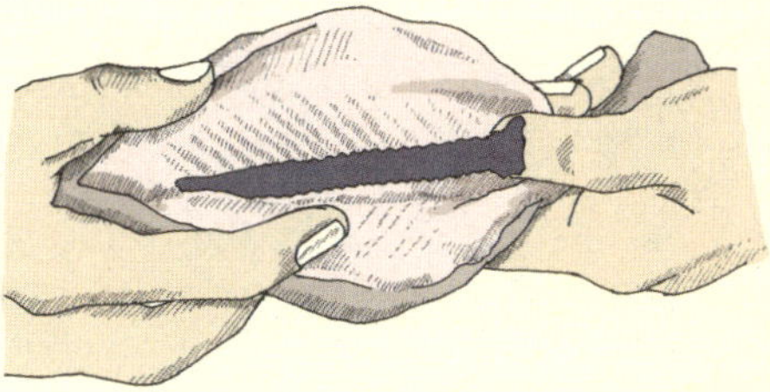

Vous pouvez enlevez la veine rénale avec votre pouce en le passant à l'intérieur, tout le long de l'ouverture.

des côtes. Il y a différentes techniques qui recommandent de commencer d'un côté ou de l'autre. Je commence par la tête et je « balance » le couteau le long des côtes jusqu'à atteindre la queue. La plupart du temps ça fonctionne bien.

Bonne bouffe

Les meilleurs poissons sont sans aucun doute la truite et le saumon. J'ai une relation particulière avec ce qu'on appelle les poissons de sport et ça ne m'ennuie pas de manger les plus petits. Mais je ne supporte pas la pensée des perches, des brochets et des carpes.

DÉCHIFFRER L'EAU

L'une des merveilles de la pêche c'est que c'est un mystère, un puzzle sans fin, qui requiert du dévouement et de l'intuition. Et le plus grand mystère est de découvrir ce qui gît sous la surface de l'eau. Par où commencer ?

C'est par hasard que vous commencez à déchiffrer l'eau. Vous commencez à pêcher par hasard dans un coin qui vous attire, qui vous rappelle peut-être une photo, ou encore qui est proche du parking et facile d'accès. Vous montez votre canne et la journée est fructueuse. La fois suivante vous retournez au même endroit car si ça a marché une fois, ça devrait marcher deux. Et c'est là que vous commencez à regarder l'eau plus attentivement et que tout devient clair – comme dans ces stéréogrammes pleins de points de couleur.

Eaux courantes

Les poissons sont prévisibles. À moins d'avoir une bonne raison, ils font toujours face au courant. La raison en est que la nourriture arrive dans cette direction. Tout ce qui descend le lit de la rivière arrive vers les poissons qui font face au courant où ils peuvent le voir plus clairement. En quoi cela aide-t-il le pêcheur ? Eh bien, rester dans le courant est une grosse dépense d'énergie, aussi le poisson se déplace-t-il en biais vers l'eau stagnante du bord et attend que la nourriture s'approche ou bien dérive dans le courant principal pour s'en emparer et revient ensuite dans l'eau stagnante. Vous pouvez voir où les courants rapides et les courants lents se rencontrent car il y a une « ride » dans l'eau. C'est toujours un bon coin à essayer.

Cherchez les obstacles, les arbres tombés, les détritus de l'automne qui s'accrochent aux branches basses, les renoncules d'eau, les gros rochers, ce genre de choses. Les poissons stationnent autour ou dessous, car il y a d'intéressants remous qui leur permettent de s'emparer de la nourriture plus facilement. Même si vous ne voyez rien, l'aspect de l'eau vous en dira long. Cherchez des renflements ou des poches inexpliquées à la surface de l'eau.

Si la surface est plus plate et égale qu'en amont ou qu'en aval, vous regardez peut-être un trou dans le lit de la rivière. Sondez la profondeur de toute la section et pêchez au sommet ou au fond du trou. Les poissons adorent ces endroits car ils peuvent se reposer tout en recevant un flux constant de nourriture.

De la même manière cherchez les remous et les coudes de la rivière là où les poissons stationnent dans l'eau profonde hors du courant principal. Enfin les retenues d'eau sont des endroits fantastiques pour retenir le poisson. Les barrages remuent le fond des rivières et font tourbillonner tout un tas de particules, encourageant ainsi les poissons à se nourrir.

Eaux dormantes

Les lacs et les étangs sont plus difficiles à déchiffrer que les eaux courantes car il n'y a pas de courant amenant de la nourriture aux poissons (à moins que le lac ne soit alimenté par une rivière, auquel cas, l'endroit où elle se jette dans le lac est également poissonneux).

Toutefois, observez la direction du vent ; les poissons la suivront pour se nourrir des particules soufflées vers la rive.

Sur un lac vous devez trouver les bras de rivières, les obstacles qui attirent les poissons. De même que les nénuphars et les roseaux sur les bords, à cause des insectes qui y vivent. Ces endroits attirent aussi les carnassiers qui recherchent les petits poissons. Faire la carte du fond d'un lac est difficile sans bateau, mais il existe des flotteurs spéciaux qui vous y aideront. Vous pouvez aussi le faire vous-même en attachant un plomb au bout de votre ligne. Lancez et retenez la ligne quand le plomb frappe la surface. Puis lâchez-la et comptez les secondes en comptant 3 m pour chaque seconde. Si la méthode vous paraît trop longue, tâchez de venir quand l'eau a baissé, certaines parties du fond auront émergé.

L'autre façon de commencer à déchiffrer l'eau est d'observer les autres pêcheurs. S'ils prennent beaucoup de poisson, regardez ce qu'ils font et où ils lancent et allez leur parler. Dans l'ensemble nous sommes plutôt amicaux et contents de donner un tuyau ou deux.

Les poissons adorent les roseaux car ils les abritent et leur fournissent de la nourriture. Pêchez aussi près que vous l'osez.

Des obstacles sur la rivière interrompent naturellement le courant et les poissons stationneront souvent derrière, cueillant des miettes de nourriture au passage.

Les bancs de feuilles de nénuphars sont de bons endroits pour trouver du poisson et indiquent normalement des hauts-fonds – attention à leur racines toutefois.

UNE ÉPUISETTE VIDE

En Angleterre nous l'appelons « un blanc » ("blanking" N.d.T.). Une expression étrange, comme si seul, la présence du poisson donnait un sens à la partie de pêche et qu'en son absence rien ne se soit passé.

Être pêcheur signifie vivre avec l'échec, aussi mieux vaut s'y habituer. Quelqu'un a dit un jour qu'en pêche, contrairement aux autres sports, l'adversaire est la nature elle-même, imprévisible et infiniment patiente.

C'est exaspérant. Vous pouvez pêcher une semaine et attraper des courbatures aux bras à force de ramener des poissons, puis retourner au même endroit la semaine suivante et ne rien prendre du tout.

Mettons les choses au point. Vous pouvez être le pêcheur le plus expérimenté, posséder le meilleur des matériels, les appâts les plus juteux, bénéficier de conditions parfaites, et pourtant ne pas faire une seule touche. Les poissons se montrent entêtés et vous n'y pouvez rien.

ACCEPTER VOTRE SORT

Dans ces cas-là, vous devez comprendre que cela fait partie du jeu « vous-contre-la-nature », et en prendre votre parti. Allez ailleurs, essayez autre chose (promettez seulement de ne pas vous mettre au golf), mobilisez vos ressources. Si rien de tout cela ne fonctionne, acceptez le fait qu'il y a dans la pêche quelque chose de plus que de prendre du poisson.

Vous pouvez tirer satisfaction d'un travail bien fait même si votre épuisette est vide. Vous aurez d'ailleurs de meilleures chances de prendre un poisson, ne serait-ce que par accident. Une fois que vous l'aurez accepté, vous pourrez comprendre comment on peut pêcher, ne rien attraper et retourner pourtant heureux à la maison, alors que le pêcheur d'à côté a l'air prêt à frapper quelqu'un après sa journée merdique. Ne tombez pas dans ce piège : pêchez avec soin et vous pourrez « faire un blanc » avec dignité.

Pour certains pêcheurs la vue d'un filet vide et sec est ce qu'il y a de plus triste – en dehors de la vue de leur reflet dans la glace après une autre journée sans poissons.

ENTRETENIR VOS MOULINETS

Un moulinet est une belle chose, une merveille de technique qui doit être traitée avec respect même si ça vous coûte le prix d'un dîner au restaurant pour deux. Chut… on pourrait t'entendre, tu sais.

Je traite mes moulinets atrocement mal et ils ne me laissent jamais tomber. C'est l'avantage de la production technologique de masse. Aucun d'eux ne m'a coûté plus d'un dîner pour quatre au restaurant mentionné ci-dessus (avec le vin) et je ne leur ai jamais appliqué de traitement spécial. Je les range dans un petit sac, je les asperge d'eau avec un spray et je les essuie avec un chiffon doux s'ils m'ont été empruntés par des amis plus brutaux et c'est tout.

Quelques fabricants recommandent de les démonter et les graisser une fois par an. Après avoir vu le schéma éclaté d'un moulinet, je ne m'y suis jamais risqué en 35 ans de pêche. À moins de châtier ses moulinets en les utilisant dans des conditions extrêmes, je trouve que ça n'en vaut pas la peine.

Si je m'en préoccupais davantage, je leur appliquerais une fois par an un peu de spray au silicone, plus un peu d'huile sur les pièces mobiles et j'enduirais le reste de graisse. (Toutefois, avant de faire ça, je consulterais la notice pour m'assurer que je n'ai pas acheté un de ces moulinets nouvelle génération dont le système de freinage peut être endommagé par la lubrification.) Puis j'essuierais le tout avec un chiffon sec. En même temps je remplacerais le fil, sans surcharger la bobine surtout.

Ce que je fais toujours, c'est donner quelques tours de manivelle après avoir démonté au cas où du gravillon se serait faufilé entre la bobine et son logement. Ce genre de chose peut abîmer le moulinet.

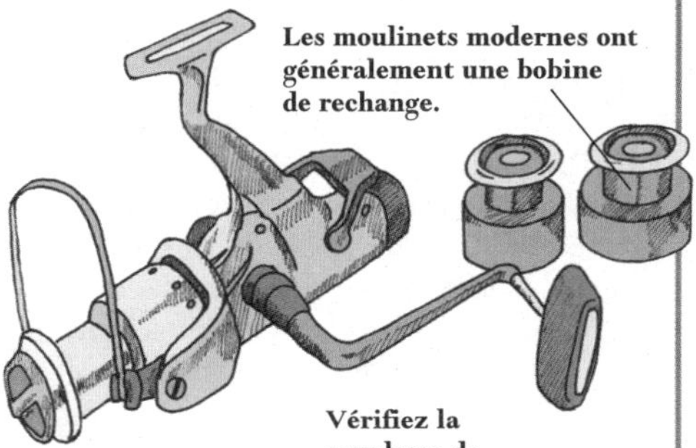

Les moulinets à tambour tournant, à propos, sont des animaux tout à fait différents et nécessitent un entretien spécifique selon les instructions du fabricant. Vous pouvez jauger de la santé d'un moulinet à tambour tournant en le faisant tourner, et en mesurant combien de temps il met à s'arrêter ; ce sera plus long que vous ne le pensez. Traité avec un minimum de respect, même un moulinet bon marché durera des années.

PÊCHE HI-TECH

Dans leur interminable quête de plus gros poissons, les pêcheurs se sont dotés d'une nouvelle arme secrète – secrète pour les poissons au moins. La technologie est arrivée dans la boîte de pêche et ça change tout.

Lire ce livre vous a probablement conduit à me considérer comme un technophobe. Rien n'est plus loin de la vérité. Ce livre a été écrit sur un portable PC, transféré sur un gros Dell via une clé USB pour la mise en page, envoyé par e-mail à l'éditeur et les épreuves ont été vérifiées en format PDF sur écran. En dehors de ça, j'écris des articles pour des magazines d'ordinateurs et vous trouverez même mon blog de pêche régulièrement mis à jour sur www.adurman.blogspot.com. J'ai des références technologiques en pagaille.

TROP DE TECHNOLOGIE

Et pourtant je reste sceptique quant à la place de la technologie dans la pêche et je me demande jusqu'où il faut aller pour que d'autres gens soient d'accord avec moi. Examinons quelques-uns de ces gadgets hi-tech.

- Trouver le poisson. En pages 82 et 83 on parle de déchiffrer l'eau. Mais cela en vaut-il la peine quand on peut acheter pour quelques centaines d'euros un détecteur de poisson qui vous évitera de vous servir de vos yeux et de votre expérience, et trouvera immédiatement ce fichu poisson ? Les petits détecteurs se portent au poignet, ont un éclairage pour la nuit et peuvent trouver du poisson jusqu'à 300 mètres de profondeur.
- Préparer des appâts. Depuis quelques années on pouvait acheter des appâts améliorés avec des stimulateurs d'appétit, que les poissons mangent même s'ils n'ont pas faim, exactement comme les gosses se nourrissent de pizzas, de hamburgers et de bonbons jusqu'à en exploser. Pas étonnant que tant de carpes soient si petites et si grasses. Maintenant on peut aussi acheter des appâts aux phéromones, un truc apparemment si irrésistible que les poissons mangeront jusqu'aux cailloux s'ils en sont imprégnés. Imaginez toutes ces carpes surexcitées se ruant sur votre appât, incapables de résister à ses charmes chimiques…
- Amener l'appât aux poissons. Vous n'arrivez pas à lancer dans ce petit coin juste sous les arbres ? Vous avez perdu trop de plombs ? Ne prenez pas la peine d'améliorer votre lancer et achetez plutôt un bateau à appâts. Ces ingénieux appareils commandés à

Les premiers détecteurs de poissons électroniques étaient de la camelote. Maintenant ils fonctionnent bien. Mais c'est toujours de la camelote.

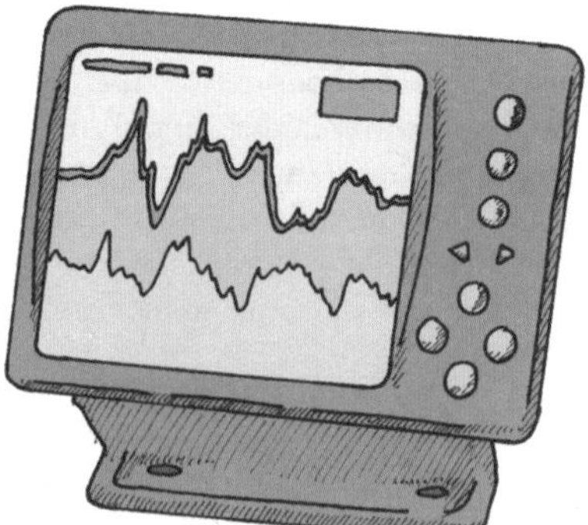

En haut : Pourquoi apprendre à lancer correctement quand un bateau à appâts peut amener directement hameçon, appâts et amorce aux poissons ?

En bas : Le secret de votre succès… Les phéromones font croire aux poissons que ce sont eux qui draguent, alors que c'est le contraire.

distance vous permettent d'envoyer hameçons, appâts et amorces dans les coins les plus inaccessibles et en actionnant un interrupteur de les verser dans l'eau pratiquement en silence.

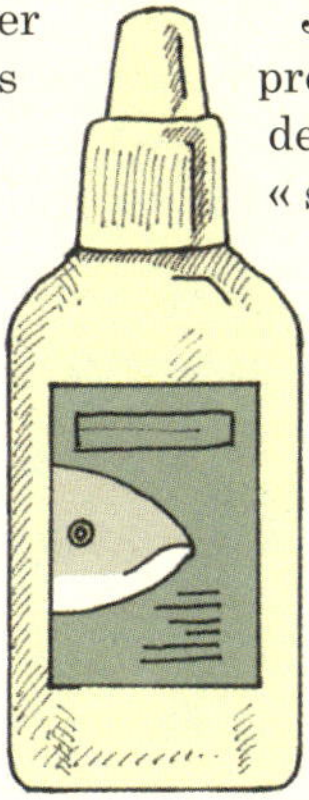

✦ Attirer les poissons. Vous pouvez maintenant vous procurer des leurres améliorés grâce aux nanotechnologies qui les rendent visibles sous tous les angles. Ou bien des leurres montés sur piles, qui s'illuminent au contact de l'eau, sonnent, vibrent ou encore éblouissent les poissons. Les plus extraordinaires sont les « activateurs » de poisson qui reproduisent les sons et les vibrations de petits poissons, attirant ainsi les carnassiers. Vous en attachez un à votre bateau, vous balancez le haut-parleur par-dessus bord et vous l'allumez avec votre orteil. Oui, vous n'avez même pas à vous lever.

Je pourrais continuer mais vous avez compris l'idée. Il me semble que quand les gadgets suppriment l'imprévu, le besoin de ruser et de connaître le métier, la pêche devient un peu trop automatique.

J'ai entendu des pêcheurs prétendre que seul un détecteur de poisson leur donne une chance « sportive » quand ils partent pêcher dans un lac inconnu. Ce n'est pas vrai. Interrogez les gens du coin, trouvez un fermier, allez au café. Les réponses que vous obtiendrez seront tout aussi fiables et largement plus amusantes, je vous le garantis.

À LA MAISON

L'écrivain George Bernard Shaw est censé avoir dit que « Derrière chaque homme à succès, il y a une femme. » Très bien… mais ce qu'on sait moins c'est que la citation continue ainsi « et derrière chaque homme raté, il y en a deux ». Ce que je sais c'est que tous les pêcheurs ont une famille qui les soutient, de bon ou de mauvais gré. Un ban pour eux.

Quand vous êtes obsédé, vous avez besoin d'aide et pas du genre d'aide qui va vous « guérir » de votre obsession. Non, il faut nourrir la bête et c'est habituellement à la famille ou aux amis que revient ce rôle. Au début, une boisson, un sandwich et un peu d'argent pour des chips ont l'air de vous suffire. Mais ensuite vous voulez de la place pour votre nouvelle canne, pour votre épuisette humide et vos bottes (non elles ne peuvent pas rester dehors, elles seront humides). Puis il faudra vous amener à 5 h 30 du matin chez votre copain ou à la gare. Et finalement le pire : de la place dans le frigo pour vos appâts « Tu ne les remarqueras même pas …! »

La guerre de l'appât

Je connais des partenaires qui se sont séparés après ça, surtout quand l'appât en question était vivant et que le couvercle de la boîte ne fermait pas bien. Le mien s'est échappé une fois dans le train, et je ne me suis pas attardé, étant donné qu'avec mon attirail les soupçons se seraient immédiatement et injustement portés sur moi.

À moins qu'ils ne pêchent eux-mêmes, il est difficile de comprendre de quoi il s'agit pour les membres de la famille, surtout si vous ne rapportez pas vos prises à la maison. Face à cette incompréhension, le soutien qu'ils vous apportent ne doit jamais être sous-estimé. Quand vous rentrez, gardez donc vos histoires pour vous, lavez-vous les mains immédiatement, déposez vos vêtements puants dans la machine à laver, laissez vos appâts et vos filets dehors et douchez-vous. Puis offrez-leur du vin ou des chocolats et montrez-leur que vous les aimez. Ils ont fait leur part en vous laissant aller pêcher, il est temps de faire la vôtre.

BOURRICHES

Quand j'étais jeune, l'un des sommets de la partie de pêche était le moment où on retirait la bourriche de l'eau et on alignait son contenu sur la rive. C'était le décompte, le rituel final qui rendait le départ presque supportable. Et je n'en suis pas fier rétrospectivement.

J'en rends responsable les médias. Ce sont eux qui nous ont habitués à mesurer notre succès à des bourriches pleines et nous ont amené à garder des poissons toute la journée. À cette époque les filets n'étaient pas non plus faits de matériaux légers et les petits poissons se prenaient régulièrement dans les mailles. Nos mains inhabiles de petits garçons pouvaient en libérer un certain nombre mais il n'était pas rare d'en voir une demi-douzaine flottant le ventre en l'air après ça. De temps en temps aussi, des brochets attaquaient le filet, et avec nos manières futiles et assoiffées de sang nous trouvions cela très drôle.

Fourrer des poissons tous ensemble dans une bourriche ne leur fait aucun bien. Il n'y a aucune raison de garder un poisson une fois qu'on a pris une photo et qu'on l'a laissé récupérer.

NON MERCI

J'ai arrêté de me servir d'une bourriche depuis 10 ans environ et je regrette de dire que ce n'est pas à cause d'une soudaine épiphanie. Non, c'est parce que je me suis convaincu que prendre une pêche particulière me portait la poisse. Classe, hein ? Mais je vous recommande de faire de même sauf s'il s'agit d'un concours. S'ils en étaient capables, je suis sûr que les poissons nous remercieraient. C'est déjà suffisamment traumatisant d'être retiré de l'eau, sans en plus avoir à côtoyer de gros poissons, être jeté dans l'herbe pour la photo, puis attendre que le pêcheur courre en tous sens sur la rive pour nous retrouver et nous rejeter à l'eau.

Si vous vous servez d'une bourriche, séparez les petits poissons des gros (ou rejetez les petits à l'eau), et si vous prenez beaucoup de poissons, envisagez une seconde bourriche pour leur laisser de la place. Ne mettez pas un gros poisson dans une bourriche. Servez-vous plutôt d'un sac spécial qui le protégera mieux. Finalement, demandez-vous franchement si vous avez besoin d'une bourriche. La mienne ne me manque pas. C'est toujours ça de moins à transporter et je suis content de savoir que les poissons sont retournés à l'eau rapidement.

LES BORDS

Quand vous arrivez pour la première fois près d'une nouvelle rivière, un nouvel étang ou un nouveau lac, le défi est toujours le même : où est le poisson et comment allez-vous l'attraper ? La réponse est peut-être plus près que vous ne le pensez.

En pêchant furtivement au bord, il est souvent possible de surprendre de très gros poissons et de les attraper juste sous votre canne – et quand ils se détachent c'est tout aussi excitant.

Petit garçon, j'ai toujours été impressionné par les extrêmes – qui pouvait retenir son souffle le plus longtemps, courir le plus vite, pisser le plus haut, roter le plus fort – et donc pour la pêche, j'ai naturellement voulu lancer le plus loin. C'est une sorte de fanfaronnade à laquelle s'adonnent les jeunes garçons impressionnables.

Je me trompais vraiment. Je ne me rappelle pas pourquoi j'ai commencé à pêcher près du bord (de 60 à 90 cm de la rive) mais j'ai vite fait de comprendre que j'avais trouvé de l'or. Les poissons adorent patrouiller le long des rives, à la recherche de miettes de nourriture. Dans les pêcheries commerciales, où l'on répand beaucoup d'amorce avant et durant les séances de pêche, il y en a plein. Sur les rivières aussi, vous pouvez attraper des poissons étonnamment près des rives, là où ils se nourrissent de vers et d'insectes.

CHUT !

Il y a aussi un à-côté intéressant quand on pêche si près du bord. On apprend à se tenir tranquille, à murmurer une conversation et à se fondre dans l'environnement, afin que les poissons s'enhardissent. J'ai pris ma plus grosse carpe à mes pieds avec une croûte de pain. J'avais pêché dans l'eau profonde comme les autres pêcheurs, mais tandis que le vent tombait avec l'arrivée de la nuit, j'ai entendu tout un tas de coups dans les roseaux et j'y ai jeté quelques morceaux de pain. Après quelques minutes deux carpes sont apparues. J'ai appâté avec un gros morceau de croûte et je l'ai trempé dans l'eau pour lui donner un peu de poids. Tout à coup, une grande gueule a surgi de nulle part – juste à mes pieds – et a gobé le morceau de croûte.

LES VOISINS

Nous sommes si concentrés sur ce qui se passe sous l'eau que nous en oublions toutes les créatures qui vivent au-dessus ou à côté d'elle. Elles savent pourtant tout de nous.

Les pêcheurs sont prédisposés naturellement à penser du bien des habitants de la nature mais il y a nécessairement une hiérarchie, et de nombreux riverains ne s'élèvent pas bien haut dans l'échelle. Pourtant cela ne signifie pas qu'ils ne sont pas utiles. Prenez un pêcheur durant sa première nuit de pêche par exemple, et guettez son cri quand il se penchera pour ramasser un morceau d'appât et se trouvera aux prises avec un rat féroce, déterminé à défendre son territoire.

Je me souviens d'une partie de pêche sur un étang au printemps. L'étang donnait sur un bois et n'était pas très fréquenté des pêcheurs. Nous avions monté et pêché dans l'obscurité et quand nous avons allumé nos torches, nous avons découvert deux chauves-souris tête en bas au bout de nos cannes à pêche, leurs griffes refermées sur la fibre de carbone. Nous nous sommes étendus là, sous de dérisoires couvertures, en nous demandant quoi faire. Mais, avant d'avoir trouvé, nous avons sombré dans le sommeil, comme les chauves-souris.

Salut, je suis Rattus norvegicus et je serai votre vermine ce soir. Pour les hors-d'œuvre et le plat principal je volerai vos appâts, et pour le dessert j'émietterai vos sandwiches un peu partout.

Comment tout a commencé

Tous les pêcheurs reconnaissent l'écho de certains coins, mais rien ne résonne aussi profondément que l'endroit où tout a commencé. C'est pourquoi il est important d'y retourner au moins une fois, si vous le pouvez.

L'étang de Latchmoor est pratiquement asséché maintenant et je peux marcher là où je pataugeais auparavant dans mes cuissardes. Au fond il ne reste plus trace d'un énorme bois flotté sur lequel nous nous asseyions, après avoir rampé le long d'une clôture traitresse, à l'affût d'un « Foutez le camp ! » venant des jardins ou de l'aboiement des chiens. J'ai pris là un poisson énorme (pour un petit garçon) et un brochet… il y a 35 ans maintenant.

Nous nous abritions dans les arbres quand il pleuvait, ou quand nous voulions fumer sans nous faire voir des adultes. Nous avions de meilleurs yeux alors et nous pouvions nous asseoir en surveillant nos flotteurs, puis nous précipiter quand ils disparaissaient.

25 ans plus tard, le jour de l'anniversaire de mon père, je me suis tenu sur ces rives et j'ai demandé ma femme en mariage. Ça, c'est ce que j'appelle une prise.

LE DÉTECTEUR DE TOUCHE DE RAY

Quelqu'un m'a dit un jour que le détecteur de touche c'est comme la peine de mort – on est pour ou contre. Les partisans prétendent que c'est la seule chose qui rend une longue séance de pêche possible – autrement on dodeline de la tête. Et les opposants pensent que c'est parce que les pêcheurs sont paresseux.

Le camp des « pêcheurs paresseux » considère le détecteur de touche comme faisant partie d'un style de pêche : arriver avec ses cannes déjà montées, installer le camp, déclencher les détecteurs et aller au lit.

Il est remarquable que les « pour » et les « contre » finissent également par s'endormir. Cette attitude m'a toujours semblé bizarre – comme de régler une alarme avant de faire l'amour en sorte qu'elle vous réveille quand les choses commencent à devenir intéressantes.

Pêcher devrait vous engager, même quand rien ne se passe. De plus, se faire réveiller par un gadget électronique n'est pas la bonne façon de prendre du poisson. Pêchez plutôt pour des durées plus courtes ou bien allez-y avec un ami avec qui vous vous tiendrez mutuellement éveillés.

FAITES VOTRE PROPRE DÉTECTEUR

Si vous devez absolument en utiliser un, fabriquez un détecteur de touche de Ray. Il est constitué d'un grelot au lieu d'une sonnerie électronique et il ne nécessite pas de piles. Ça marche dans le noir et tout le monde peut s'en payer un. (Ray prétend que ce n'est pas lui qui l'a inventé mais je n'en ai jamais vu de semblable.)

Vous n'avez besoin que d'un piquet de camping, d'un bout de ligne très solide, d'un petit grelot et d'une pince à cheveux. Assemblez-les, enfoncez le piquet dans le sol, lancez, tirez un peu de ligne entre le moulinet et le premier anneau, et placez la pince dessus. Quand un poisson mordra, il tirera sur la ligne, ce qui fera sonner le grelot. Quand vous ferrerez, le fil se libèrera de la pince et vous pourrez alors fatiguer le poisson. Si vous vous en servez la nuit, attachez une petite ampoule à rayonnement bêta sur la ligne, près du grelot.

Ce détecteur marche aussi bien le jour que la nuit. Après quelques séances de pêche, le tintement seul du grelot vous donnera un agréable frisson d'excitation.

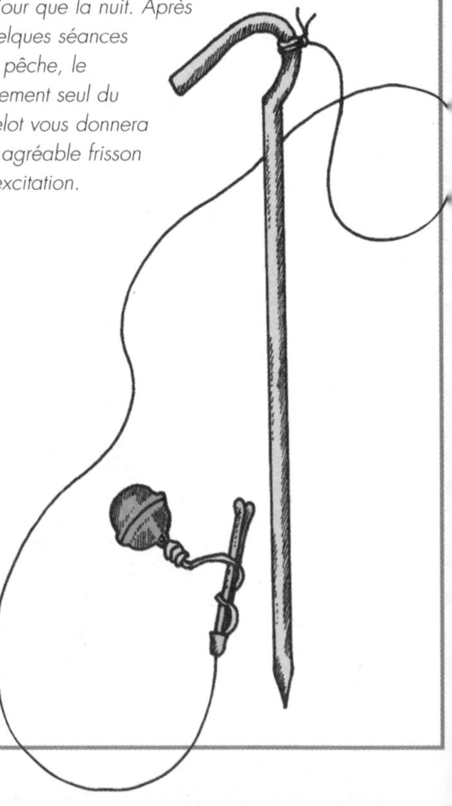

EN DÉFENSE DE LA PÊCHE

Bien qu'elle n'ait pas fait l'objet de la même surveillance minutieuse que la chasse, il est clair que la pêche est dans le collimateur des défenseurs des droits des animaux. Avons-nous quelque chose sur quoi nous appuyer ?

J'avais l'intention de rechercher et de parler des arguments scientifiques concernant la question-clé – le poisson ressent-il ou non la douleur et la pêche est-elle par conséquent cruelle ou non – mais j'ai essayé en vain. Il n'y a aucune manière de savoir si telle ou telle recherche est plus valide qu'une autre et il n'y a donc pas d'évidences simples. Cela signifie que le débat en est réduit à : « Oui, ils la ressentent » et « Non, ils ne la ressentent pas ». Mais ce n'est pas une abstraction. Il s'agit de moi qui hameçonne un poisson, le ramène sur la rive et le remet à l'eau ensuite. Cela mérite une réponse personnelle.

Jusqu'à ce qu'on puisse prouver définitivement que les poissons ressentent la douleur comme les humains, nous devrions continuer à pêcher avec bonne conscience.

Voici ce que je sais. Si le poisson ressent la douleur de la même manière que vous et moi, alors je crains que nous n'ayons rien sur quoi nous appuyer. La pêche est cruelle et nos arguments ne sont que des conneries.

Voici ce que je sais. J'ai attrapé un barbeau de 4 kg un soir dans un bout de rapide et cela m'a tellement excité que j'y suis retourné le lendemain. J'ai attrapé le même poisson – avec les mêmes marques distinctives et au même endroit. Je ne comprends pas comment un poisson traumatisé voudrait se nourrir du même appât aussi vite sans aucune contrainte.

Voici ce que je sais. Un pêcheur célèbre m'a dit un jour que s'il était convaincu que les poissons ressentent la douleur, il essaierait d'adapter son attirail de façon à pouvoir pêcher sans hameçon. Il pensait pouvoir attacher l'appât de façon à ce que le poisson le prenne, pouvoir ferrer et sentir le poids du poisson pendant un moment, puis le laisser aller. Quant à lui, ce moment de contact était la pierre de touche de sa vie de pêcheur.

Voici ce que je sais. La pêche court comme un fil scintillant au milieu de ma vie et jusqu'à ce que je sois convaincu de sa cruauté, je continuerai à pêcher comme si ma vie et ma liberté en dépendaient. Étrangement, je crois que parfois elles en dépendent.

AMORCER

N'importe qui peut jeter de l'amorce dans l'espoir que cela attirera les poissons, mais amorcer correctement est un art en soi, pour lequel il faut se donner un peu de mal. En la mélangeant correctement et en y ajoutant des morceaux d'appâts vous pouvez arriver à suggérer aux poissons que le dîner est servi.

Bien que nous en examinerons dans une minute les nuances, le propos essentiel de l'amorçage reste le même, quels que soient le type d'amorce et le type de poisson recherché. Vous voulez attirer les poissons dans une zone dans laquelle vous puissiez lancer, et les y garder sans les gaver au point qu'ils ne s'intéressent plus à votre appât. Vous pouvez aussi pratiquer ce qu'on appelle le pré-amorçage, qui implique de répandre de l'amorce sur un poste donné avant d'y pêcher – parfois plusieurs jours avant, afin que les poissons soient habitués à y trouver de la nourriture. Le pré-amorçage est utile pour introduire un nouvel appât et y habituer le poisson. Le revers de la médaille, c'est que vous pouvez passer une semaine à préparer soigneusement un poste de pêche pour le grand jour et y trouver ce jour-là un autre pêcheur. Bon ben, souhaitez-lui bonne chance et repartez.

LES OUTILS NÉCESSAIRES

- ✦ Même si vous n'en voyez pas l'utilité, vous aurez besoin d'un seau mélangeur. Prenez-en un rétractable afin qu'il ne tienne pas trop de place, avec un fond large pour pouvoir ôter les grumeaux. Il faut aussi qu'il soit rond pour éviter que l'amorce ne sèche dans les coins.
- ✦ L'amorce elle-même peut être simplement composée de miettes de pain, améliorées avec des additifs du commerce ou du chènevis.
- ✦ Commencez par mélanger les ingrédients secs, puis ajoutez lentement de l'eau, en remuant au fur et à mesure. Continuez à travailler le mélange jusqu'à ce que vous obteniez quelque chose qui ait la consistance de miettes de pain humides.
- ✦ Laissez reposer pendant environ 10 mn puis faites-en des boulettes que vous jetterez ou catapulterez dans l'eau.

En vous servant d'un seau rond, il vous sera plus facile de réaliser un mélange friable et sans grumeaux – bien que cela demande un peu de pratique.

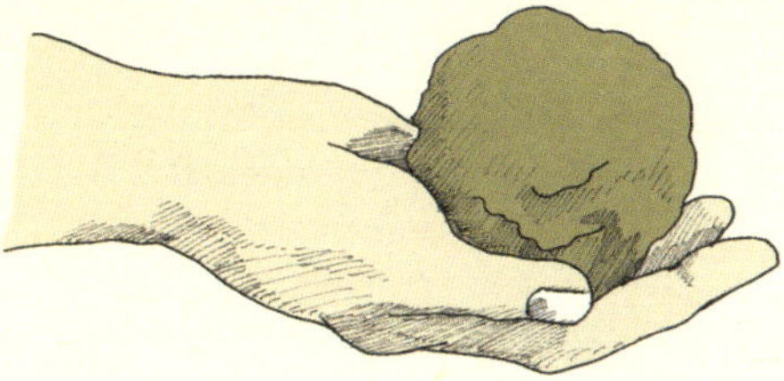

L'amorce doit se tenir suffisamment pour pouvoir en faire des boulettes, puis s'effriter au contact de l'eau ou du fond.

Choisir une consistance

Quelle consistance devez-vous cibler exactement ? Imaginez une échelle qui va de mouillé, à tassé, à poudreux. L'amorce située du côté poudreux se brisera aussitôt en contact avec l'eau et se répandra en un lent nuage, attirant les poissons dans la zone. Le désavantage d'une telle amorce est que vous ne pouvez pas la lancer très loin.

Durcissez le mélange et vous pourrez le lancer plus loin. Toutefois il ne s'effritera pas totalement avant d'atteindre le fond. Une version un peu plus mouillée est utile pour les cours d'eau rapides, car le mélange se tiendra jusqu'à ce qu'il heurte le lit de la rivière. Ensuite le courant en emportera des morceaux qui rouleront de manière tentante vers l'aval.

Les fabricants d'amorces ont introduit des variantes intéressantes de produits qui « pétillent » au contact de l'eau tout en pouvant être lancés de plus grandes distances car ils tiennent bien.

Ajouter ou non des morceaux d'appât à votre amorce est une question de choix. Cela encourage les plus gros poissons à mordre. Je mélange souvent du maïs doux, de la viande en conserve et des casters. Un autre truc consiste à faire une boulette puis à y creuser un « nid » pour y déposer une poignée d'asticots et refermer ensuite.

Une dernière chose : n'en faites pas trop. La plupart des pêcheries ont des règles quant aux quantités et qualités d'amorce. Suivez-les. Trop d'amorce laissée au fond d'un lac fermente et finit par polluer l'eau et des amorces trop riches en protéines font des carpes aux estomacs énormes et distendus. Alors allez-y doucement.

PIERRES DE TOUCHE

J'allais intituler cette page « Héros de la pêche » mais je crois que j'en sais trop sur les gens et sur leurs appétits. C'est très bien d'avoir des idoles à 11 ans mais à mon âge c'est un peu bizarre.

Qu'est-ce qu'une pierre de touche ? Tout ce que vous voulez, du moment que c'est essentiel à votre vie de pêcheur. Ce peut être un livre, une personne, un souvenir, une odeur, un coin, une canne – tout ce qui peut encapsuler l'expérience de la pêche.

Pour moi cela a été l'odeur d'un gardon. Une odeur tout à fait distincte, à même de rivaliser avec les meilleurs parfums, et qui me rappelle l'étang de Latchmoor, les sandwiches au fromage, et les arrivées à bout de souffle, juste-à-temps-pour-le-dîner chez mes parents.

Puis c'est la merveilleuse anthologie de bandes dessinées de Bernard Venables (voir p. 74 N.d.T.), qui narre les aventures de pêche de Mr Crabtree et de son fils Peter. Pour des milliers d'enfants de mon âge, ses dessins étaient l'unique occasion de voir de près des poissons comme le barbeau ou la carpe et quand je ferme les yeux, je revois encore cette magnifique illustration avec ses quatre perches menant un banc de vairons. Mon exemplaire est vieux de 40 ans et je l'ai encore regardé la semaine dernière.

Il y a eu encore un programme TV découvert par hasard, *La Passion de la Pêche*, et qui mettait en scène deux pêcheurs excentriques aux prises avec toutes sortes de gags. Je ne sais pas à quel point c'était mis en scène mais quel puissant écho cela avait ! Deux hommes d'âge moyen se comportant toujours avec l'enthousiasme de jeunes garçons.

Il y a aussi l'odeur puissante d'une boutique où nous achetions nos asticots, la façon dont le chevaine tire sur le scion, la sensation de l'épuisette quand il gèle et mon reflet en caleçon long dans le miroir, tandis que je me demande où sont passées toutes ces années. Et un coin de pêche aussi – mais je ne vous dirais pas où il est.

La porcherie

Nous avions l'habitude d'aller en vacances chez mon oncle et ma tante en Écosse. Ils avaient là une petite maison prise en sandwich entre une porcherie et un torrent avec des anguilles et des truites. J'y ai attrapé ma première truite brune et je l'ai ramenée fièrement pour le déjeuner. Je me souviens toujours de cette odeur forte et douce de porcherie, mêlée à l'arôme de truite grillée, tandis que je mangeais en souriant dans la cuisine.

LE SIÈGE DE PÊCHEUR

En dépit de tous les aspects de la pêche qui vous amène à bouger et à vous mettre dans tous vos états, l'image traditionnelle du pêcheur le montre assis sur un siège près de la rivière. Trouver le siège parfait est par conséquent de la plus haute importance.

J'ai déjà raconté mon flirt désastreux avec un siège/sac à dos page 57 et je ne m'y attarderai pas. Il suffit de dire que j'ai essayé de nombreuses manières d'asseoir mon postérieur et que j'aimerais vous en faire part ici.

Avant tout, il est peu probable qu'un siège vous dure toute une vie de pêcheur. Petit garçon, j'avais un tout petit tabouret pliant qui tenait dans mon sac de masque à gaz. Il y tient toujours d'ailleurs mais c'est moi qui ne tiens plus sur lui : j'en déborde dans un style dessin animé qui bouleverse probablement les passants.

Mes armes de choix : un coussin de camping gonflable pour l'été, et un vieux panier-siège en osier pour l'hiver. Le coussin est l'une de mes possessions préférées.

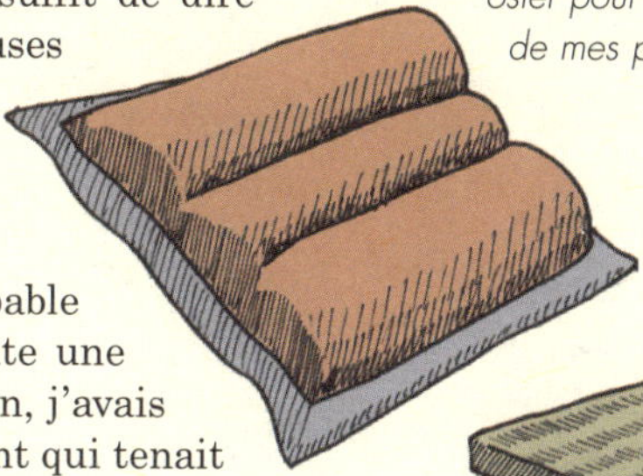

PORTABILITÉ ET CONFORT

Si vous aimez camper en quête de votre proie, vous devriez vous offrir le siège le plus confortable possible, cela en vaut la peine. Mais si vous vous déplacez, cherchez un siège qui soit à la fois confortable, facilement transportable et qui possède des pieds réglables séparément. De petits machins circulaires aux pieds sont également utiles pour éviter de s'embourber.

Les chaises pliantes qui s'ouvrent comme un livre et utilisent votre propre poids pour maintenir l'équilibre peuvent faire l'affaire, mais les plus confortables sont trop grandes à mon goût. Mon ami Ray se sert souvent d'un épais morceau de mousse, ce qui présente de sérieux avantages quand la rive est escarpée.

Je me sers moi-même d'un coussin gonflable en caoutchouc en été, et d'un panier-siège en osier en hiver (avec un coussin dessus pour les longues journées). Le coussin est moins pratique le matin quand il y a beaucoup de rosée, mais sa taille et son poids permettent même à mon derrière gonflé de se faufiler dans des coins étroits et malcommodes.

PÊCHE DE COMPÉTITION

Tandis que la plupart d'entre eux sont heureux d'affronter les ruses des poissons et les inconstances de la nature, certains pêcheurs éprouvent le besoin de se mesurer entre eux pour savoir qui sera le meilleur. Aimeriez-vous les rejoindre ?

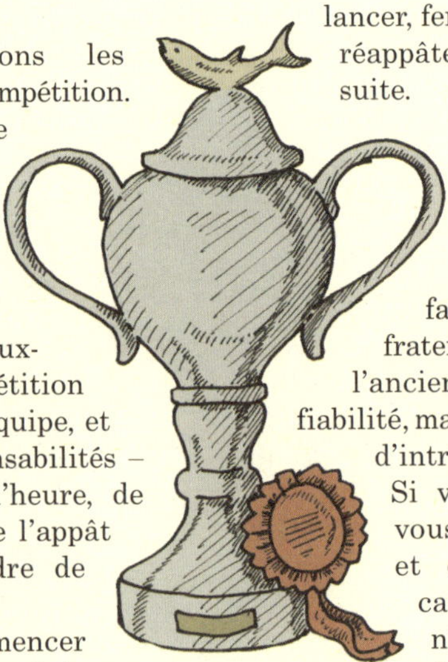

Pour

Premièrement, examinons les bénéfices de la pêche de compétition.

Il ne fait aucun doute que faire partie d'une équipe donne à tous les pêcheurs un sentiment de camaraderie, d'appartenance à quelque chose de plus grand qu'eux-mêmes. La pêche de compétition favorise aussi l'esprit d'équipe, et donne le sens des responsabilités – ne serait-ce que d'être à l'heure, de s'assurer qu'on a bien de l'appât et que tout est en ordre de marche.

Si vous venez de commencer ou de recommencer la pêche, la compétition affûtera vos qualités de pêcheur et vous aidera à en acquérir de nouvelles. Votre lancer s'améliorera énormément, en partie parce que si vous pêchez bien, votre appât ne restera pas longtemps dans l'eau et en partie parce que vous allez lancer au même endroit encore et encore.

Vous deviendrez expert en amorces et saurez quand utiliser celles qui sombrent rapidement ou celles qui éclatent en un nuage aguichant. Vous décrocherez et réappâterez à toute vitesse, vous garderez votre dégorgeoir sur l'oreille comme un stylo, vous vous organiserez merveilleusement avec tous les machins en plastique de votre boîte pour ne pas avoir à bouger, et vous continuerez à lancer, ferrer, mouliner, décrocher, réappâter, relancer et ainsi de suite.

Si vous êtes assez habile, vous gagnerez la coupe et peut-être même un peu d'argent. Vous sentirez que vous faites partie d'une nouvelle fraternité, avec des valeurs à l'ancienne comme la loyauté et la fiabilité, mais aussi la dose habituelle d'intrigues et de manœuvres. Si vous êtes vraiment bon, vous recevrez un surnom et des démonstrations de camaraderie comme vous n'en avez plus connu depuis le jardin d'enfants. Puis il y aura l'assemblée générale de l'association et le dîner dansant annuel. En vieillissant vous serez invité à vous joindre au conseil d'administration et vous réfléchirez à l'avenir de l'association. L'agitation sociale de la pêche, quoi…

Contre

Dès que vous introduisez la compétition quelque part, les choses changent fondamentalement et pour toujours. Prenez le cyclisme. Quand vous étiez enfant, vous avez pédalé dans tous les sens, heureux de vos efforts et de votre liberté. La compétition cycliste, même au niveau le plus bas, en fait quelque chose d'entièrement différent. Soudainement vous pédalez contre la montre et les destinations ne sont plus que des étapes. C'est toujours amusant mais c'est une sorte d'amusement très différent.

Je prétends que la pêche de compétition a le même effet. C'est aussi une course contre la montre dans laquelle la plus petite erreur de calcul concernant l'appât, la profondeur de l'eau ou les tactiques d'amorçage peut affecter votre classement final. Il y en a qui adorent ça, mais pour moi, la pêche ne rime pas avec urgence.

Le tic-tac de la montre ne vous enseigne pas la patience non plus. Il vous enseigne même le contraire parce que vous êtes toujours en train de penser à la tactique adéquate. Il ne vous enseigne pas non plus à reconnaître un bon poste de pêche – dans une compétition vous pêchez au même endroit jusqu'à ce que le sifflet retentisse. Les compétitions sont faites d'instructions : où pêcher, quand commencer, quand vous arrêter. Elles se déroulent invariablement au pire moment de la journée et ignorent l'aurore et le crépuscule. Et elles salissent tout autour, l'eau et l'environnement, avec l'équipement répandu sur la rive et l'amorce abandonnée.

Si vous voulez vous mêler à d'autres pêcheurs, inscrivez-vous plutôt dans un club de pêche. Et pensez au mot « compétition » dans l'expression « pêche de compétition ».

Le concours de pêche

Le concours annuel de la Société de Pêche Binfield n'a eu lieu qu'une fois. Le club ne comptait que deux membres : Chick et moi. Le concours a duré cinq heures par une journée glaciale et le vainqueur l'a emporté avec une ablette de 50 g. Sa récompense était une cartouche de cigarettes, achetée sur le chemin du retour. L'heureux gagnant a partagé son butin avec l'heureux perdant.

Un an plus tard, mon oncle Jim m'a emmené à un concours de pêche. Terriblement excité, j'ai attrapé des gardons et des vandoises et je me serais même classé parmi les juniors si je n'avais commis une erreur. Quand le sifflet a retenti j'ai retiré l'épuisette de l'eau – la force de l'habitude – et j'y ai jeté un coup d'œil. Non, non, non…

DANS L'ESTOMAC D'UNE TRUITE

Ce que je vais décrire est si spécial – et sans doute dégoûtant – que les pêcheurs qui n'ont pas l'habitude de regarder dans l'estomac des poissons pour voir ce qu'ils ont mangé seront consternés. Pas pour la première fois probablement.

Il y a deux manières de regarder dans l'estomac d'une truite. La première est de se servir d'une cuillère à moelle et de le faire quand le poisson est mort. La longueur de la cuillère dont les dîneurs se servent pour extraire la moelle de l'os, en fait un outil d'investigation parfait. Ouvrez simplement la gueule du poisson et insérez la cuillère jusqu'au fond en tournant. Il faudra peut-être pousser fort. Secouez le contenu sur un linge blanc et munissez-vous d'une loupe pour distinguer les invertébrés que vous voulez imiter.

La pompe stomacale

La deuxième méthode requiert une pompe stomacale et peut être utilisée quand le poisson est vivant, un peu comme une endoscopie de rivière. Cela évoquera peut-être des images alarmantes de gros objets enfoncés dans l'œsophage d'une petite truite mais, dans la plupart des cas, il s'agit d'un appareil plus petit qu'une seringue. Ceux qu'on achète dans le commerce sont constitués d'un tube fin avec un ballon en caoutchouc au bout. Pressez le ballon et introduisez-le doucement dans la gueule de la truite, puis dans son estomac. Laissez le ballon se regonfler. Il aspirera un peu du contenu de l'estomac. Enlevez le tube et pressez le ballon sur un linge blanc. Certaines personnes recommandent de tenir le poisson tête en bas pendant l'opération car il semble que cela le calme.

Pour finir, ce que vous avez trouvé à l'intérieur ne sera pas une description précise de leur menu habituel, car les poissons peuvent se nourrir tout simplement des insectes nouvellement éclos. Mais cela vous permettra de faire le bon choix par une journée difficile quand les poissons se montrent tatillons. Remarquez, les inconditionnels de la pêche à la truite disent que les cuillères à moelle sont pour les mauviettes et qu'on devrait pouvoir dire ce qu'une truite recherche rien qu'en déchiffrant l'eau.

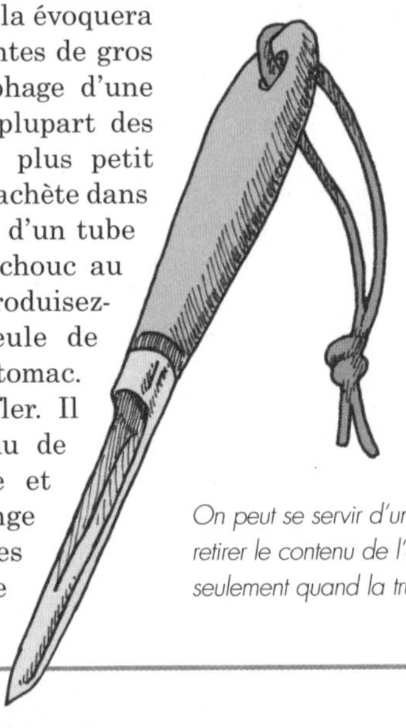

On peut se servir d'une cuillère à moelle pour retirer le contenu de l'estomac d'une truite… mais seulement quand la truite est morte bien sûr.

TÉLÉPHONES PORTABLES

Étant donné que par ailleurs je suis résolument contre la technologie, cela vous surprendra peut-être de savoir que je suis complètement en faveur des téléphones portables sur les berges. Aussi longtemps que leurs propriétaires ne se comportent pas comme des idiots.

J'ai rarement rencontré un objet aussi utile pour le pêcheur moderne que le téléphone portable. Il vous permet d'être sûr que le dîner sera sur la table quand vous rentrerez et vous évite de renverser un chien sur la route quand vous êtes en retard, parce que vous avez ferré une carpe à la dernière minute. Quand vous et votre partenaire de pêche arrivez séparément, un appel rapide vous permet de convenir d'un point de rencontre. Vous pouvez échanger des choses comme « Le gardon mord la laine rouge sur un hameçon nu, rien d'autre ne marche, ne me demande pas pourquoi ». Et, quand vous pêchez à distance l'un de l'autre, il est utile de pouvoir communiquer à travers les airs, plutôt que de remonter un kilomètre de berge pour vous apercevoir que votre partenaire s'est endormi sous un journal ; et que comme vous, il a oublié son thermos.

Un téléphone portable moderne doit comporter une fonction appareil photo, ce qui vous évite d'avoir à en apporter un, mais vous permet aussi de railler vos amis pêcheurs avec des photos de votre cru. Vous pouvez même vous servir de la caméra pour capturer les derniers moments du combat – encore que le cinéma ne devrait jamais intervenir quand il s'agit de ramener un poisson correctement.

Les portables sont également pratiques pour les urgences – quand, par exemple, on a été assez idiot pour casser sa clé de voiture en pleine nuit, au milieu de nulle part.

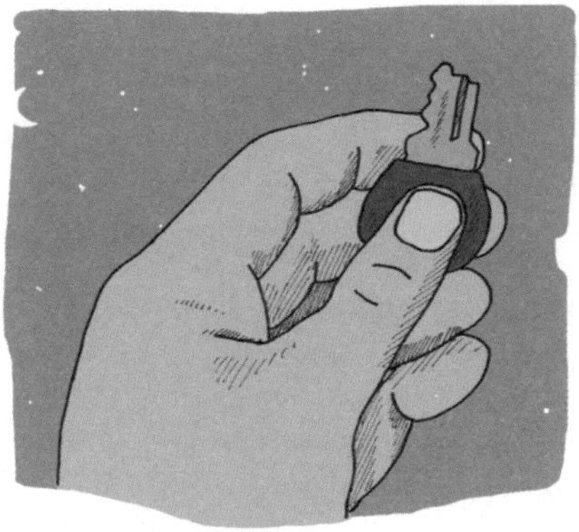

Ma clé de voiture, quelques secondes après la cassure. Grâce au portable, Ray était en chemin quelques minutes après pour m'en amener une de rechange.

En dehors de ça, assurez-vous de basculer votre téléphone sur le mode vibreur pour ne pas déranger les autres pêcheurs, ou réglez-le sur une sonnerie agréable et subtile. J'ai entendu parler d'un Américain qui a enregistré des airs traditionnels dans le Northumberland et les vend maintenant comme sonneries de portable sur Internet (www.salmonreel.com). Si ça ne vous suffit pas, le même site vend des cris d'animaux : chèvres, pics-verts, cygnes.

ATTIRAIL TRADITIONNEL

Certains pêcheurs s'en tiennent religieusement à un attirail traditionnel. Non seulement ils adorent leurs cannes en bambou, leurs moulinets à tambours tournants et leurs vieux paniers, mais ils s'habillent aussi en pantalons courts et chapeaux de Sherlock Holmes. Complètement dingues, je vous dis.

C'est un plaisir d'utiliser un vieux moulinet à tambour tournant, surtout en rivière.

J'ai toujours admiré l'attirail traditionnel. Quand j'ai commencé à pêcher c'était le début de la fibre de verre, qui, grâce à ses qualités, a balayé tout le reste. Dans les premiers temps, j'ai quelquefois trouvé de ces drôles de cannes en bambou, mais elles étaient soit trop usées et maltraitées par de vieux pêcheurs, soit trop chères en magasin pour mes maigres ressources. J'ai conservé pendant longtemps un moulinet à tambour tournant, davantage par manque de moyens que par affinités, puis je l'ai échangé contre un moulinet à bobine fixe aussitôt que je l'ai pu. Il m'a fallu 25 ans de plus pour m'aventurer dans le monde de l'attirail traditionnel et m'offrir une canne en bambou d'occasion, juste pour le plaisir.

Et quel plaisir. Mon ami Sean croyait se rappeler qu'il avait une canne en bambou si flexible qu'elle pouvait se recourber en un cercle complet, et qu'il le faisait de temps en temps, pour me faire sauter au travers peut-être. En tirant soigneusement la mienne de son sac, et en la montant j'ai compris ce qu'il voulait dire. Je l'ai remuée doucement et elle a commencé à vaciller avec une grâce sinueuse. J'ai de très bonnes cannes en fibre de carbone, mais quand on fouette l'air avec, c'est comme de regarder une équation mathématique en action. Avec une canne en bambou, c'est comme un animal qui se tortille. (Ce fouettement préliminaire est devenu un peu un rituel chez moi ; une fois le bout s'est envolé et, mortifié, j'ai dû aller frapper chez une gentille dame pour récupérer ma canne.)

J'avais acheté un moulinet à tambour tournant au même gars – un Leeds bon marché – et je m'en suis servi de temps en temps pour du gardon et de la vandoise. Assembler ces deux antiquités et pêcher de la tanche et du carassin m'ont fait comprendre ce que j'avais manqué. Je ne voudrais pas ferrer un barbeau, une carpe ou un brochet avec, mais pour pêcher jusqu'à 2,5 kg, c'est une révélation. On ne réalise pas que la technologie du moulinet à bobine fixe agit comme un tampon entre soi et le combat ; avec un moulinet à tambour tournant c'est une ligne directe

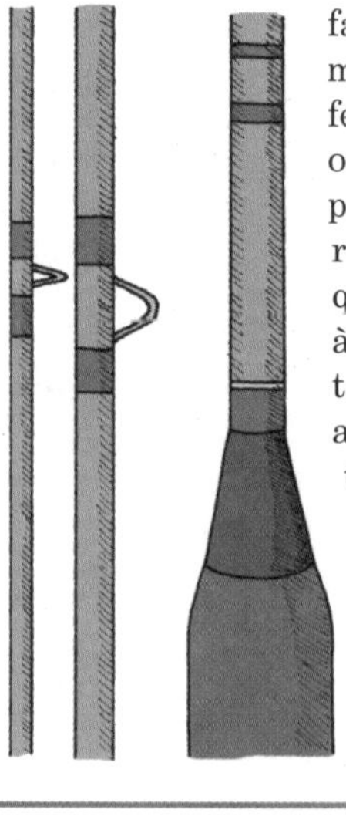

Les cannes en bambou sont tout aussi efficaces que leurs équivalents modernes – et elles sont plus amusantes.

entre soi et le poisson. Ajoutez-y une canne qui dessine des courbes hilarantes et c'est difficile de ne pas rire tout haut.

Bien sûr, j'ai maintenant un panier, en saule tressé main (vraiment cher), un panier-siège en osier (une affaire), et un drôle de flotteur pour les perches (trouvé dans une brocante). Je n'ai plus de raison d'ajouter à ma « collection », mais je le ferai si je trouve une affaire. Le matériel traditionnel a une grande valeur aujourd'hui et est susceptible d'en prendre encore. Heureusement on ne peut pas en dire autant des antiquités vestimentaires mentionnées ci-dessus, qui sont aussi laides actuellement qu'elles l'étaient à l'époque.

Mon panier-siège en osier – avec son ouverture en forme de boîte aux lettres sur le dessus.

Histoires de pêche

Ce n'est pas un poisson

Après toute cette élégance désuète, je vous propose une liste abrégée de toutes les choses que des pêcheurs ont prises et qui se sont révélées ne pas être du poisson finalement.

Le matériel d'autres pêcheurs, des préservatifs usagés plein d'eau – et qui « luttent » comme un énorme poisson – des tricycles (mais jamais de bicyclettes), des shorts en jean, des collerettes de curé, des tortues d'eau douce, votre petit frère, des rideaux, les hanches de la dame qui marchait derrière vous, un triste sac de petits chats morts, des chauves-souris, une paire de menottes, un mannequin, un assortiment de foulques, de canards et de cygnes, un sac à main avec des chaussures dedans, lestées avec des pierres, des soutiens-gorges, des poissons morts (qui ont l'air de pouvoir s'attacher tout seuls à l'appât et ensuite mourir de nouveau), des serviettes hygiéniques, un mouton, une moto qui passait, des chariots de supermarché, des chaussettes, des ciseaux, une canne entière avec son moulinet (mais heureusement pas de pêcheur au bout), de la corde, plein de corde, des moules de rivière, des chapeaux haut de forme, des écrevisses, des bottes, des livres de poche, une bouteille de vin pleine, le capot d'une voiture, une guitare acoustique, de la moquette, des 33 tours, un masque d'Halloween, une boîte de biscuits, et une cible pour les fléchettes.

Incroyable qu'avec tout ça il y ait encore de la place pour les poissons…

TECHNIQUES INHABITUELLES

Aujourd'hui de nombreux pêcheurs se tournent vers la technologie pour trouver une réponse à un problème de pêche, mais un peu de réflexion peut apporter une solution tout aussi efficace et qui ne coûte rien. Voici quelques-unes des idées ingénieuses et novatrices que j'ai collectées au fil des années.

Je vais être tout à fait honnête et faucher ma première idée à Crabtree. Elle résout le problème de savoir comment garder les rotengles de surface dans votre poste assez longtemps pour les prendre. Le problème avec l'amorce, c'est que le vent et les courants l'emportent au loin, et que si vous avez été avisé dans vos choix, les poissons la suivront. Dans ce cas, sondez la profondeur, puis prenez une tranche de pain bien cuit, faites un trou au milieu et attachez-y une ficelle. À l'autre bout de la ficelle attachez une pierre qui jouera le rôle d'ancre. Naturellement, la distance entre le pain et la pierre doit être égale à la profondeur de votre poste. Lancez le tout dans l'eau : le pain restera en place et attirera l'attention des poissons de surface. J'emploie de la ficelle au lieu de fil de pêche, car elle se dégrade plus rapidement dans l'eau.

Si vous avez en vue un poisson particulièrement timide, vous le dissuaderez en utilisant trop de matériel au bout de votre ligne. Servez-vous simplement d'une ligne et d'un hameçon et utilisez éventuellement un morceau de bois comme flotteur. Toutefois ne surveillez pas le morceau de bois dans l'attente de touches, regardez plutôt la ligne comme si vous pêchiez au poser.

APPÂT LONGUE-DISTANCE

Si vous voulez pêcher plus loin que vous ne pouvez lancer et qu'il y ait un peu de vent, servez-vous d'un ballon pour faire dériver votre appât. Gonflez le ballon et attachez-le à votre ligne avec un trombone. Puis jetez le montage ballon-et-appât à vos pieds et laissez-le dériver sur le lac. Cette méthode enverra l'appât plus loin que quiconque ne peut lancer. Quand il aura atteint l'endroit voulu, ferrez habilement pour séparer le ballon de la ligne et l'appât ira au fond. Cette méthode comporte toutefois deux désavantages : vous ne pouvez pêcher que dans la direction du vent ; et vous devrez, après coup, collecter tous les ballons qui se seront échoués sur l'autre rive. Il

Servez-vous d'un ballon attaché à votre ligne pour envoyer votre appât sur de longues distances, puis ferrez pour détacher le ballon et envoyer l'appât au fond.

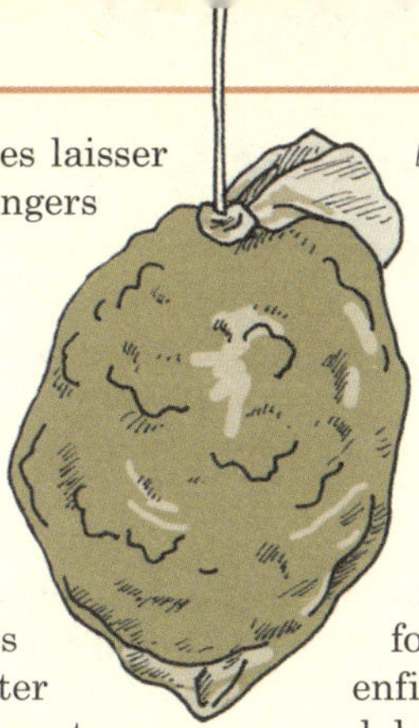

Les sacs en PVA se dissolvent au contact de l'eau et sont pratiques pour envelopper hameçon et appât.

est très important de ne pas les laisser car ils constituent de vrais dangers pour la faune.

PETITS ESPACES

Nous savons tous que les poissons adorent patrouiller le long des berges, mais ils semblent préférer trop souvent la rive opposée ou encore les îles, loin des pêcheurs qui s'efforcent de rester calmes. À moins d'être un expert, réaliser un lancer dans une petite frange d'eau est très difficile et vous finissez toujours beaucoup trop loin, ou bien emmêlé dans les buissons au-dessus. Le truc que j'utilise implique deux étapes. Tout d'abord identifiez un secteur de l'autre rive qui n'ait pas trop de buissons ou d'arbres, puis appâtez avec un gros morceau mou qui recouvre complètement l'hameçon. Lancez-le délibérément trop loin et ramenez-le doucement dans l'eau. Si vous ne voulez pas recouvrir l'hameçon ou encore pêcher avec un "montage en cheveu", mettez le tout dans un sac soluble en PVA qui n'accrochera rien sur son passage. Cela a marché pour moi.

Enfin les pêcheurs à la mouche ont l'habitude de prendre de petites truites dans des cours d'eau minuscules, mais vous seriez surpris du nombre de poissons que vous pouvez prendre dans une eau qui semble à peine suffisante pour leur couvrir le dos. Les chevaines et les gardons engraissent dans les petits cours d'eau car il y a moins de compétition et les carnassiers sont plus rares. C'est aussi un bon apprentissage pour les pêcheurs car les ruisseaux sont plus clairs et nécessitent une approche plus soigneuse. Quand c'est nécessaire je me sers d'une canne courte – moins de 2,1 m – je me déplace toutes les 10 mn, et j'appâte avec un ver unique sur un hameçon de taille moyenne que je traîne sur le fond avec une paire de plombs enfilés sur le fil, ou que je jette seul dans un lit d'herbes.

Ignorez les petits ruisseaux à vos propres risques – ils recèlent souvent de gros poissons.

LES BELLES ET LES BÊTES

Je ne suis pas ce genre de pêcheur moitié naturaliste, moitié biologiste marin, et un quart herboriste qu'on rencontre parfois et ils m'intimident un peu. Vous voyez de qui je parle : ils reconnaissent les oiseaux à leurs chants, identifient plus d'une demi-douzaine d'arbres et de plantes et leur connaissance des animaux s'étend bien au-delà de l'information nécessaire du genre : « Attention – une bouse de vache ».

Donc j'ai une certaine sympathie pour les passants qui me demandent quelle sorte de poisson j'ai pris, ou les pêcheurs qui souhaitent mon avis. Mais je connais mes poissons et, au fil des ans, je me suis formé de fortes opinions quant à leur nature esthétique. Je me sens donc à l'aise pour vous présenter mon top 5 des plus beaux poissons, suivi du top 5 des plus laids.

Les belles

En commençant par le moins beau :

- Je vais me mouiller un peu et mettre le barbeau en cinquième place. Oui, il y a de l'intelligence dans ces yeux, mais c'est une sorte de roublardise canine imprévisible et puis il a ces barbilles bizarres qui lui pendent de la gueule et lui donnent un air je-vais-renifler-mon-chemin-tout-le-long-de-tes-doigts-pendant-que-tu-dors.
- Les perches ont l'air fantastique en principe mais elles ne sont jamais tout à fait de la bonne taille. En dessous d'une livre elles ne ressemblent à rien, et au-dessus elles ont l'air massif de qui a passé trop de temps en salle de gym. Sans parler de leurs gueules, dans le style je-peux-avaler-mon-propre-corps.
- Les carassins sont jolis mais idiots. Ce sont des imposteurs, comme le plaqué or.
- La vandoise se rapproche de la perfection. Elle a le même genre de trace que la truite, elle donne l'impression d'un gardon, mais elle voudrait être un chevaine. Petite, elle a les caractéristiques d'un poisson d'argent, mais plus elle grossit, plus elle ressemble au chevaine avec ses couleurs piquetées et son dos large.
- Et le gagnant est… la truite arc-en-ciel. Un poisson fétiche pour des millions de pêcheurs de par le monde. Des couleurs merveilleuses qu'elle soit petite ou grosse, intelligente, agressive, elle est toujours une joie pour qui l'attrape.

La truite arc-en-ciel est aimée par les pêcheurs du monde entier, et elle règne sur mon cœur.

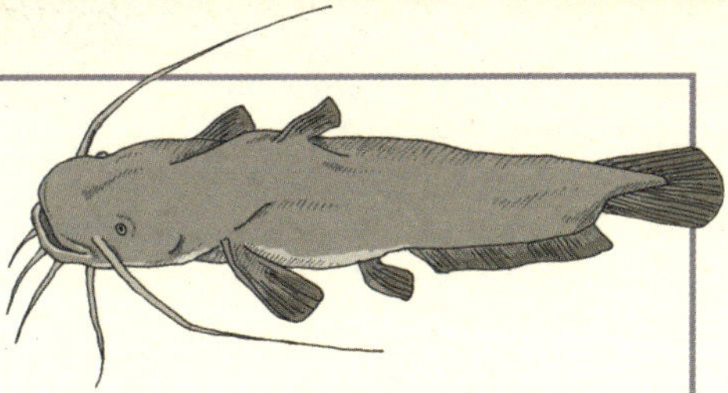

De tous les poissons qui nagent, le poisson-chat peut certainement revendiquer le titre de champion pour la laideur.

Les moches

- ✦ En cinquième place, l'ablette. Laide, bonne à rien, elle grouille autour des appâts destinés à des poissons plus délicats.
- ✦ Vient ensuite le rotengle. Trop rouge, trop doré, on dirait un poisson de Tchernobyl. Et on ne devrait pas faire confiance à la courbe de sa gueule.
- ✦ Suivante : l'anguille. Par où commencer ? Les yeux de zombie, la maigreur, le tortillement ? Elle ne se classe pas plus haut car certains gros spécimens sont curieusement beaux.
- ✦ En deuxième place, le sandre. Un choix controversé peut-être, étant donné qu'il ressemble si fort à la perche américaine. Mais on dirait que le sandre est fait de deux poissons différents qu'on a sciés, puis recollés ensemble pour rire. Et ils ont les yeux fous de l'anguille.
- ✦ Enfin, le poisson-chat se devait d'être numéro un. Laid à faire peur, révéré uniquement pour sa taille, il est à mi-chemin entre la limace géante écrasée et la Chose échappée du film de John Carpenter.

Histoires de pêche

Hameçons sans ardillons

En regardant en arrière, je ne me rappelle pas la dernière fois que j'ai utilisé un hameçon avec ardillon, mais je suis sûr que je n'en ai pas eu dans ma boîte depuis des années. J'étais un converti réticent et je suis resté convaincu que les hameçons à ardillons tenaient mieux, jusqu'à ce que mes deux clubs de pêche les interdisent sans exception.

Maintenant je ne peux pas m'imaginer y revenir. Ils accrochent tout et sont dix fois plus difficiles à enlever de la gueule des poissons. Bien sûr, dans les deux cas, il s'agit de blessures perforantes mais quand un hameçon à ardillon est fiché dans la gorge, vous ne pouvez l'enlever qu'à tâtons.

Les pêcheurs qui prétendent que les hameçons à ardillons tiennent le poisson sur la ligne plus solidement ont tort. J'ai perdu beaucoup de poissons à cause de ma propre stupidité, mais jamais à cause de mes hameçons sans ardillon. C'est d'une méchanceté inutile et ceux qui sont vendus avec des leurres devraient être réduits à néant avec des pinces.

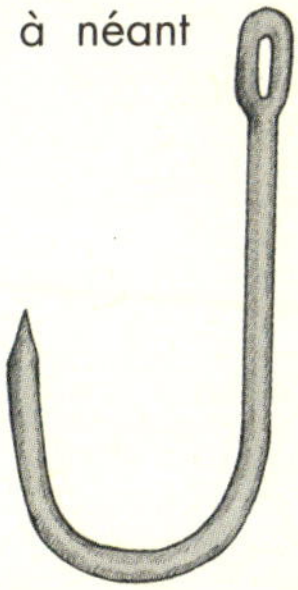

VOTRE ÉLEVAGE DE VERS

Les vers sont associés à la pêche pour de bonnes raisons – ils font un excellent appât, à même d'attraper tout ce qui nage. Toutefois ils sont chers et ne durent pas longtemps. Alors pourquoi ne pas élever les vôtres ?

Le meilleur logement pour cet élevage est une vieille poubelle en plastique. À environ 5 cm du fond, faites des trous tous les 20 cm, puis faites la même chose autour de l'ouverture. Versez dedans environ 15 cm de sable et/ou de gravier, puis déposez dessus une feuille de polyéthylène perforée pour le drainage. Ensuite, ajoutez 20 cm de compost/ feuilles mortes/matériaux de literie.

Comment vous procurer les vers ? Vous aurez besoin d'une centaine de vers pour démarrer votre élevage. Vous pouvez les acheter, les retirer d'un tas de compost ou les collecter vous-même. Pour cette dernière option, mettez un grand carré de moquette dans le jardin pendant 24 h ou bien répandez un mélange de liquide à vaisselle et d'eau chaude sur le sol pour les faire remonter.

Une fois que vous avez ajouté les vers, jetez deux pleines poignées de déchets de cuisine et garnissez le dessus de papier journal froissé et humide. Remettez le couvercle et laissez-le pendant deux semaines.

Bien que les vers profitent de presque tout, ils ne sont pas fous de viande, de poisson, ni d'agrumes. Nourrissez-les plutôt d'un mélange de déchets de cuisine et de jardin, épluchures, mauvaises herbes, feuilles, tonte de gazon. Ne les gavez pas toutefois – attendez qu'ils aient transformé le contenu de la poubelle en compost. Si l'élevage commence à sentir mauvais, il est trop humide et vous devez ajouter du compost tout prêt, acheté dans le commerce. Un élevage comme celui-ci vous fournira beaucoup de lombrics et d'asticots aussi longtemps que vous gardez le couvercle fermé.

Je choisis mes vers le matin de ma partie de pêche. C'est une espèce de rituel pour moi, de sortir le matin avec ma tasse de thé et ma boîte d'appât, et de glisser doucement les doigts dans les ordures pour recueillir assez de vers pour la journée. Génial.

Que vous achetiez un élevage de vers ou que vous vous en fabriquiez un, un apport constant de vers frais vous permettra d'économiser de l'argent.

ÇA NE SE FAIT PLUS

Les temps changent et la pêche aussi ; les méthodes adoptées par une génération sont considérées maintenant comme excentriques ou cruelles. Bien que certains de ces changements me soient inconfortables, il y en a d'autres que j'accueille avec joie.

Enfant, il ne m'est jamais venu à l'idée de ne pas pêcher le brochet avec un appât vivant. Plus jamais ça.

Si l'homme que je suis aujourd'hui allait pêcher le brochet avec l'enfant que j'étais, nous aurions, au bas mot, un conflit de générations.

L'enfant a économisé son argent de poche pour acheter le légendaire matériel à agrafe Jardine, un matériel si bien adapté à la pêche au brochet que son nom seul lui donne encore un frisson d'excitation. Vendu dans un petit sachet brun, l'ensemble comprend deux hameçons triples montés sur du fil métallique. Un gardon est prestement pris avec un morceau de pâte de pain. L'un des hameçons se fiche dans le dos du poisson, juste en dessous de la dorsale et l'autre dans la lèvre supérieure. Le tout est alors attaché sous un flotteur à brochet et balancé au milieu de l'étang dans l'attente d'une touche.

L'attente n'est pas longue. Ni le combat d'ailleurs car les brochets dans cet étang sont des bébés – rarement plus d'un 1,5 kg. Tandis que le garçon mouline, l'homme derrière lui remarque qu'il n'a pas d'épuisette et s'apprête à lui offrir la sienne quand le garçon tire un curieux objet des roseaux, où il était resté caché. Plus tard il dira à l'homme qu'il l'a fabriqué à l'école – une vieille javeline sciée en deux, avec un gros crochet de pirate aiguisé à un bout. C'est une gaffe, et tandis que le brochet est tiré jusqu'au bord, le garçon insère le crochet dans la gueule du poisson, sous le menton et derrière l'os de la mâchoire. Les bouches humaines sont faites de la même façon.

Sur la berge, le décrochage prend plus longtemps que prévu car un des hameçons triples est fiché loin dans la gorge et le brochet n'arrête pas de gigoter. Finalement l'hameçon est enlevé et le brochet jeté dans la bourriche, dans laquelle il coule en faisant la tête.

L'homme observe tout ça, bouleversé.

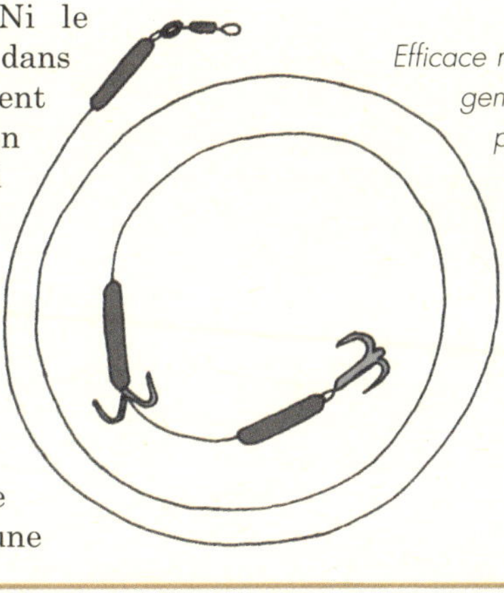

Efficace mais cruel, ce genre de montage pour la pêche au vif n'a pas sa place dans la boîte du pêcheur moderne.

*LITTÉRATURE DE PÊCHE**

La définition d'un bon livre sur la pêche dépend entièrement de ce que vous en attendez. Si tout ce que vous demandez est une liste d'instructions, alors il existe plus de bons livres que vous ne pourrez en lire. Si vous recherchez un peu plus d'esprit, vous apprécierez sans doute certaines de mes suggestions.

Même le meilleur des livres sur la pêche n'est qu'un pauvre substitut comparé à la pêche elle-même, mais, au fil des ans, j'ai rassemblé une intéressante bibliothèque. Je les propose ici en ordre chronologique.

An Open Creel (Le panier de pêche N.d.T.) de H.T. Sheringham (1910). Une délicieuse promenade à travers différents styles de pêche. Une adroite narration descriptive qui cache de nombreux conseils et trucs utiles. C'est également drôle : « Cher collègue, en matière d'abomination pure et simple, la journée de samedi dernier a atteint des sommets. Pourquoi commencer par… »

Roach Fishing (La pêche au gardon N.d.T.) de « Faddist » (1936). Bien que l'essentiel du texte ait été publié auparavant dans divers journaux, je l'ai inclus ici car il s'agit d'un exemple avant-gardiste de pêche d'une seule espèce de poissons au détriment des autres. Le livre déborde également d'observations astucieuses, propres à faire frissonner tous les pêcheurs : « En d'autres termes, les gardons sont au mieux quand la météo est au pire ».

My River (Ma rivière N.d.T.) de Wilfred Gavin Brown (1947). Un récit haut en couleurs qui traite de bien autre chose que de rivières ou de pêche. Couronné par un beau récit de première prise, laquelle est suivie par l'offre d'une belle pomme rouge faite à l'auteur par une jeune fille tandis que sa grand-mère le regarde de travers par la fenêtre de leur cottage. Il y en a qui connaissent leurs classiques en matière de contes de fées.

Fishing with Mr. Crabtree in All Waters (Pêcher dans toutes les eaux avec Mr Crabtree N.d.T.) de Bernard Venables (1964). Tandis que je suis, depuis mes débuts, resté hermétique à la pêche en mer, les bandes dessinées dépeignant Mr Crabtree et son fils Peter dans leur quête – éternellement couronnée de succès – de poissons d'eau douce m'ont toujours amusé. J'y ai aussi beaucoup appris.

Freshwater Fishing (La pêche en eau douce N.d.T.) de Fred Buller et Hugh Falkus (1975). Vous ne vous tromperez pas de beaucoup avec ce tour des connaissances de base de la pêche et des poissons d'eau douce. Encyclopédique, entièrement en noir et blanc, les deux auteurs y écrivent un peu comme deux professeurs de physique un peu grincheux. Mais ils connaissent vraiment leur affaire et vous y trouverez plus d'informations utiles qu'en dix ans de magazines de pêche.

---

* Note de l'éditeur : Nous avons choisi de conserver la bibliographie anglaise car elle propose des ouvrages essentiels de par leur originalité.

Casting at the Sun (Lancer au soleil N.d.T.) de Christopher Yates (1986). Yates est une rareté – un écrivain pêcheur qui sait écrire – et cette « étude d'une obsession quasi psychotique » fait la chronique des aventures d'un chasseur de carpes invétéré. Les livres de Yates sont toujours bons à rechercher.

I Remember: Reflections on Fishing in Childhood (Réflexions sur la pêche et l'enfance N.d.T.) présenté par Joe Cowley (1995). Un fabuleux recueil de textes de Bernard Venables, Frederick Forsyth, George Melly, Peter Stone, Barrie Rickards, Nick Fisher et Bernard Cribbins parmi d'autres. Très varié, ce livre peut faire un beau cadeau.

Hooked (Sur l'hameçon N.d.T.) de Fen Montaigne (1998). En apparence une histoire de pêche à la mouche dans la Fédération Russe, ce livre est l'étude de caractère d'un peuple à la dérive dans le régime post-communiste. C'est aussi un réquisitoire contre la course obsessionnelle du capitalisme à la Hollywood, avec, pour toile de fond, les parcelles de pommes de terre de la mer Blanche à l'océan Pacifique.

Trout at Ten Thousand Feet (Truite à trois mille mètres N.d.T.) de John Bailey (2007). Je ne suis pas un grand amateur de voyages de pêche exotiques mais il s'agit ici d'autre chose. Bailey observe : « Si vous pensez que les voyages en avion, les e-mails, les téléphones par satellite et tout le reste ont dérobé au monde ses secrets, vous avez tort. » Ce livre est un véritable bonheur, drôle, réfléchi et profond.

Un bon livre est une excellente alternative pour les moments où vous ne pouvez pas aller pêcher. Et un très bon livre peut se relire encore et encore.

En recommandant ces livres, je suis douloureusement conscient de tous ceux que j'ai laissés de côté *Fishing Days* (Jours de pêche N.d.T.) de Geoffrey Bucknall est un livre que j'ai adoré, étant enfant, *Still Water Fishing* (*La pêche en eaux dormantes* N.d.T.) de Kick Walker est une mine d'informations, tandis que les livres de « BB » (alias Denys Watkins Pitchford) et Arthur Ransome peignent l'image délicieuse d'une époque plus facile, quand les poissons comptaient plus que le matériel avec lequel vous les preniez.

PÊCHER EN FAMILLE

Il y a un moment dans la vie de chaque pêcheur, durant lequel il est follement tenté d'inclure ses proches dans la passion qui le consume. Pour que cela ne tourne pas au désastre complet il y faut de la stratégie et une préparation minutieuse.

Les pêcheurs célibataires peuvent passer sur ceci. Vous êtes peut-être temporairement malheureux en amour, mais votre vie de pêcheur est incomparablement plus simple que la nôtre. Quand on envisage d'emmener sa famille pêcher, il vaut mieux planifier les choses soigneusement.

Choisissez un jour de beau temps. Aucune épouse ou partenaire ne pourra détourner la tête dans les moments difficiles, si vous la faites asseoir à côté de vous sous un parapluie. Elle n'aura probablement aucun vêtement de sport correct non plus, donc allez-y l'été. Vous pouvez même prendre un pique-nique et une bouteille de vin (pour elle, pas pour vous).

Choisissez un endroit facile d'accès, en voiture ou par les transports publics. Assurez-vous qu'il n'y a pas d'obstacles naturels non plus, car personne ne trouve drôle de courir dans l'herbe humide, en tenant le bébé d'une main et le panier de pique-nique de l'autre, poursuivi par une horde de vaches.

Choisissez un endroit où vous avez de bonnes chances de prendre un poisson de taille décente. Pêcher du menu fretin tout l'après-midi ne fera que confirmer les préjugés de votre partenaire : c'est un drôle de passe-temps pour un adulte. Une carpe de 2,5 kg ressemble vraiment à un poisson et présentée de la manière adéquate, peut même sembler magnifique.

Votre partenaire peut amener son propre passe-temps, mais dissuadez-la d'emporter un iPod. Vous voulez que ses sens participent au monde alentour, non pas qu'elle s'en retranche.

N'abusez pas. Remballez tôt de façon à partager le coucher de soleil et parler de la journée. Et ne soyez pas déçu si elle n'y « comprend toujours rien ». Seul un cœur de pierre n'appréciera aucun des efforts que vous avez faits. Et bien sûr, cela vous permettra de faire des plans pour la phase deux : les vacances aux Bahamas... avec un petit peu de pêche au milieu.

Certains membres de la famille apprécieront plus que d'autres la journée de pêche avec vous. Mieux vaut emporter un casque.

LES PETITS POISSONS

Vos aventures de pêcheur commencent souvent avec un filet sur un bout de bambou. Et des petits poissons, plein de petits poissons. C'est comme ça que ça a commencé pour moi.

Keith et moi, nous avions l'habitude de pédaler à l'autre bout du village où il y avait une longue et profonde portion de rivière, suivie d'un barrage, suivi de rapides, suivis d'un merveilleux ruisseau plein d'herbes aquatiques et de gravier. Nous jetions les bicyclettes, enlevions chaussures et chaussettes (nous étions en short évidemment) et nous ratissions les herbes avec nos filets comme des fous, en inspectant leur contenu d'un œil avide.

Nous ramassions des épinoches, des vairons et des chabots et nous nous émerveillions de ces monstres miniatures dont les flancs brillaient au soleil. Ils nous captivaient et quand Keith a passé son filet dans un long lit d'algues et en a ramené une petite truite, ça été le début de nos vies de pêcheurs. Des années plus tard, je me rappelle avoir pêché dans une célèbre portion de la Stour par une journée glaciale. Au dernier lancer, j'ai attrapé un vairon, et pendant une seconde…

Quand vous pêchez, pensez aux petits poissons, car ils font revivre le petit garçon – ou la petite fille – en nous tous.

DES CRÉATURES QUI MORDENT

En allant pêcher, vous découvrirez que les poissons ne sont pas les seules créatures affamées que vous rencontrerez. Si, comme moi, vous attirez les moustiques et les taons vous devrez prendre des mesures pour y faire face. Ne le prenez pas à la légère.

Je suis habituellement pour les remèdes naturels. Mais la citronnelle et l'eucalyptus ne peuvent pas convaincre les insectes de foutre le camp et j'ai donc opté pour les répulsifs à base de DEET. Ils ont leur revers : une concentration supérieure à 50 % peut vous irriter la peau et vous devez la tenir éloignée de vos yeux et de votre bouche. De même, tâchez d'épargner le bout de vos doigts, car le répulsif se déposera sur l'appât et les poissons détestent ça.

Bien que la plupart des gens se servent d'un vaporisateur, je préfère un stick, plus facile à utiliser. Dans de très mauvaises conditions, je porte un chapeau avec une moustiquaire sur la visière, que je peux dérouler. Cela interfère un peu avec la vision mais c'est mieux que de se faire dévorer.

Bien sûr, le meilleur des répulsifs c'est une cigarette, un cigare ou une bonne pipe, mais ces choses sont loin derrière nous à présent.

SAISONS DE PÊCHE

Étant donné les horaires extensibles et l'expansion spatiale de la vie moderne, il n'est pas surprenant que les pêcheurs objectent quand d'autres gens leur disent quand ils peuvent pêcher ou non. Ils doivent prendre sur eux – comme on dit couramment.

Au XXIe siècle attendre est apparemment une mauvaise chose. Les magasins sont donc ouverts 24 h sur 24, la télé marche toute la nuit, des marchandises onéreuses peuvent être achetées immédiatement à crédit et on pêche à volonté, comme on boit de la bière.

Je ne souhaite pas revenir au Moyen Âge et je n'ai certainement pas la nostalgie des années 50, qui étaient – franchement – merdiques, mais je ne peux pas m'empêcher de penser que nous oublions quelque chose et que les eaux souffrent. Tout le monde a besoin de repos. Les poissons en ont besoin, pas seulement pour se reproduire, mais aussi pour que leurs petits cœurs de poissons puissent battre au rythme de la rivière, loin de la tentation des spinners, des leurres et des boulettes d'amorce.

Les eaux en ont besoin aussi. Leurs berges ont besoin de temps pour se refaire loin des bottes des pêcheurs et les chemins méritent des vacances. De même que le reste du monde naturel, à moins de vouloir que les eaux ne deviennent des flaques dans lesquelles pêcher du poisson d'élevage depuis sa voiture, tout en mangeant des sandwiches au son de détecteurs de touche et d'iPods.

Il y en a pour dire qu'ils sont si occupés qu'ils ne peuvent pas y aller à moins que la pêche ne soit ouverte toute l'année. N'importe quoi. Regardez moins la télévision, n'allez plus au café, levez-vous deux heures plus tôt et allez pêcher dans l'étang local plutôt que de conduire pendant des heures. Le manque de temps n'est pas la vraie raison de tout cela. C'est parce que plus personne ne veut attendre et que la vertu archétypale du pêcheur, la patience, s'en est allée. Je trouve ça honteux. De même qu'une bière fraîche après une longue journée d'efforts est bien meilleure que celle que vous buvez à 11 h du matin, le premier lancer, le jour de l'ouverture de la pêche, était d'autant plus délicieux que vous aviez passé les trois mois précédents à en rêver. La sobriété apporte sa propre récompense.

Faites une pause de temps en temps. Vous retournerez rafraîchi à la pêche.

LE POISSON « POUBELLE »

Rarement on aura vu une race de poisson aussi révérée par certains et dédaignée par d'autres. Qu'a donc fait la carpe aux pêcheurs pour mériter un traitement aussi contradictoire ? Elle doit cacher de terrifiants squelettes dans son placard.

Examinez ces citations :

« Son poids était intensément satisfaisant et la beauté de ce poisson m'a fait éclater en chants. » (Chris Yates pêcheur-acteur dans une série TV humoristique anglaise N.d.T.).

« Tu la jettes juste sur la berge derrière toi. Ça ne vaut rien. » Un pêcheur texan anonyme à son fils.

On a du mal à croire qu'ils parlent du même poisson, mais c'est pourtant le cas. Pour le meilleur ou pour le pire, la carpe provoque des sentiments violents parmi les pêcheurs.

Ceux qui l'aiment célèbrent son astuce, sa taille et sa longévité. Ils prétendent qu'essayer de prendre un poisson qui peut être plus âgé qu'eux-mêmes est vraiment quelque chose de spécial. La carpe a eu pendant des années la réputation d'être si difficile à prendre que beaucoup de pêcheurs se refusaient à essayer pour ne pas être humiliés, et ce n'est que dans les années 50 que la pêche à la carpe a commencé à être appréciée. Depuis c'est devenu le type de pêche vulgaire le plus répandu dans le monde occidental.

ENLEVEZ LA POUBELLE

Mais pas aux États-Unis. Là-bas, les carpes sont traitées de poisson « poubelle » et mises de côté. Ce dédain semble être fondé sur la croyance que la carpe n'est pas bonne à manger, sur un préjugé général contre les espèces non-indigènes et sur la conviction qu'elle grossit si vite qu'elle prive tous les autres poissons de nourriture. Toutefois, la carpe n'est pas une mauvaise voisine, elle survit simplement mieux que les autres poissons d'eau douce et si, avec le temps, il y a plus de carpes que de black-bass, c'est généralement à cause d'un problème de pollution de l'eau.

Finalement ce sera peut-être son salut. De nombreuses rivières urbaines sont trop polluées pour le genre de pêche sportive que les Américains adorent, mais les carpes demeurent. Le premier poisson que beaucoup de petits Américains attraperont sera une carpe. Et nous savons tous combien ce premier poisson résonne sur nos vies de pêcheurs. La carpe pourrait gagner contre les sceptiques.

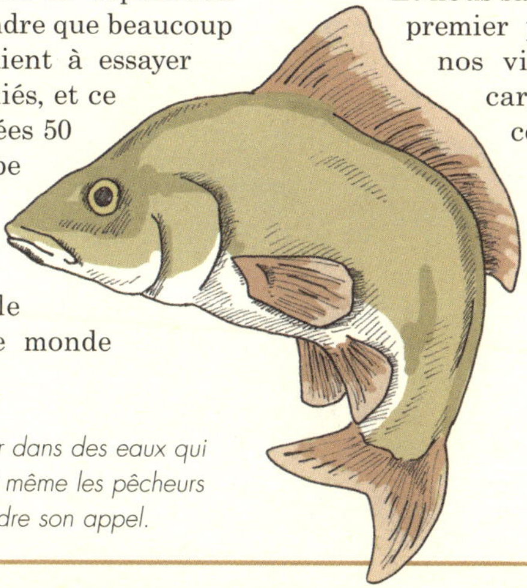

Les carpes peuvent prospérer dans des eaux qui tuent les autres poissons – et même les pêcheurs américains finiront par entendre son appel.

PRENDRE SOIN DU POISSON

Pour les « anti-pêche » l'idée que les pêcheurs prennent effectivement soin de leurs poissons est une notion impossible à intégrer. Il est vrai que certains pourraient faire mieux, mais, au bout du compte il s'agit d'un pêcheur et d'un poisson à la fois, et si vous en prenez soin, les poissons et le sport prospéreront.

Les pêcheurs parlent quelquefois d'une « connexion » avec les poissons et la pêche. Pour certains cela à voir avec leur enfance, quand les choses étaient plus faciles et pour d'autres c'est le vieil instinct chasseur qui prend le dessus. Quelle que soit la théorie à laquelle vous souscrivez, il est clair que cette connexion s'accompagne d'une responsabilité envers chacun des poissons que vous prenez, et envers la population piscicole dans son ensemble.

Prendre soin de chaque poisson

La confiance est ce que vous pouvez apporter de plus important à un poisson quand vous le manipulez. Si vous l'agrippez et le tenez trop serré, vous abîmerez ses écailles, si vous le tenez trop lâche, il vous échappera des mains. Essayez d'appliquer ce qui suit :

- ✦ Ne contraignez pas le poisson trop tôt. S'il lutte encore beaucoup quand vous le ramenez sur la rive, il est possible qu'il se blesse en paniquant.
- ✦ Dans le doute, servez-vous d'une épuisette plutôt que de le tenir à mains nues – s'il tombe et heurte la rive ou l'eau, il se blessera.
- ✦ Si vous décrochez un petit poisson, entourez-le de vos doigts et n'exercez qu'une légère tension sur la ligne.
- ✦ Ne rejetez pas les poissons à l'eau, même les petits, car cela peut les commotionner.
- ✦ Pour les poissons les plus gros, servez-vous d'un tapis de réception sur une surface plane, ou au moins éloignez-les de l'eau et déposez-les sur un sol mou.
- ✦ Une fois que le poisson est dans l'épuisette, reposez la canne sur son support et réglez le moulinet de sorte que le fil puisse se dérouler. Cela évite que l'hameçon soit brusquement arraché quand vous sortez le poisson de l'épuisette.
- ✦ Laissez le poisson dans l'épuisette pour le décrocher. Couvrir la tête des plus gros avec une partie du filet aide à les calmer.
- ✦ Si vous devez l'enlever de l'épuisette pour décrocher le poisson, tenez-le avec un chiffon humide et mouillez-vous toujours les mains.

Un tapis de réception est nécessaire pour les gros poissons. Il les protège d'éventuels dommages infligés par les aspérités du sol.

Mouillez-vous toujours un petit peu les mains avant de manipuler un poisson.

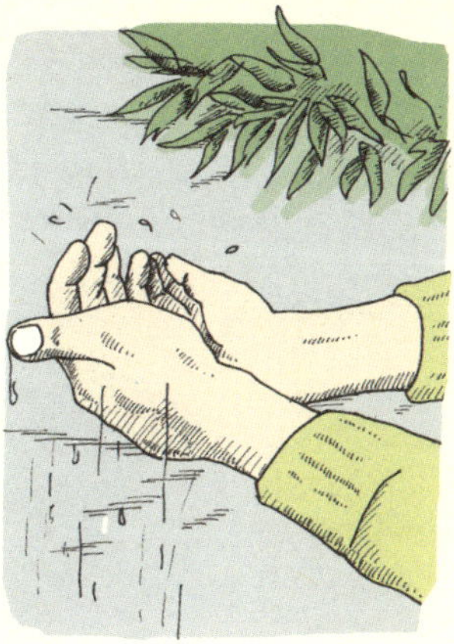

- Certains pêcheurs appliquent un peu d'antiseptique là où l'hameçon a pénétré. Votre détaillant d'articles de pêche peut vous conseiller à ce sujet.
- Si vous voulez photographier votre poisson, retournez à la page 61.
- Si vous avez attrapé un gros poisson de rivière, ne le remettez pas à l'eau d'un coup. Tenez-le doucement dans vos mains en pointant sa tête vers l'amont jusqu'à ce qu'il ait la force de nager de lui-même.
- Si vous êtes dans l'eau, ou si le poisson est d'une taille suffisante, vous pourrez peut-être le décrocher sans le sortir de l'eau.

Prendre soin de tous les poissons

En tant que pêcheur, vous devez non seulement prendre soin du poisson que vous prenez, mais aussi de ses frères et sœurs dans le sens le plus large. Voici quelques-unes des mesures à prendre :

- Observez les règles des eaux dans lesquelles vous pêchez en ce qui concerne les méthodes et les appâts prohibés. Si vous n'êtes pas d'accord, faites-le savoir plutôt que de les ignorer simplement.
- Prêtez particulièrement attention aux règles concernant l'immersion des bourriches (elles contaminent les eaux en transportant les maladies). Mieux encore, n'utilisez pas de bourriches.
- Ne déplacez pas les poissons d'une rivière à l'autre, en vous servant par exemple d'un petit poisson comme appât dans un lac à 20 km de distance. Cela répand les maladies.
- Cherchez et adhérez à une association de pêche qui démontre une approche responsable et à long terme des eaux dont elle a la charge.
- Prenez une part active à l'association à laquelle vous appartenez, en travaillant à améliorer les choses.
- Assurez-vous que vous avez un permis de pêche à jour. La cotisation Pêche Milieu Aquatique est gérée par la FNPF qui finance ainsi ses missions de protection et de défense de la pêche, du milieu aquatique et du patrimoine piscicole.

Prendre soin du poisson devrait être un plaisir autant qu'un devoir, un investissement pour l'avenir de la pêche plutôt qu'une corvée. Nous nous devons à nous-mêmes, et à ceux qui nous suivront, de nous soucier de tous les poissons que nous prenons et de tous ceux que nous ne verrons jamais.

EN PRENDRE PLUS ET PLUS VITE

Pour une nouvelle génération de pêcheurs, assez n'est jamais assez. D'abord ils veulent prendre un poisson chaque fois qu'ils vont pêcher, puis ils en veulent deux, puis ils veulent le plus gros poisson du lac, et ainsi de suite…

Il y a une très jolie chanson du chanteur folk Peter Yarrow, membre du trio Peter, Paul et Mary. Elle s'intitule *That's Enough For Me* (Ça me suffit N.d.T.) et elle fait joliment le résumé d'une vie ordinaire, bien vécue, mais, aux yeux de certains, sans rien de remarquable. C'est un sentiment qu'on ne peut pas accuser les pêcheurs modernes de partager.

Je ne sais pas bien d'où ça vient. Une impatience générale, peut-être, une compréhension de plus en plus étroite de ce qui est en jeu au cœur de la pêche nous a amenés à nous questionner uniquement en termes de taille et de quantité. C'est devenu un article de foi pour de nombreux pêcheurs qui préfèrent regarder la télévision plutôt que gaspiller leur temps avec une tanche ou une brème. Et, repliés dans leurs tentes, ils regardent effectivement la télévision. Par conséquent, un week-end onéreux passé à poursuivre une grosse carpe, est considéré comme une perte de temps, si tout ce qui en ressort est une poignée de petits spécimens ou, pire encore, rien du tout.

Cette attitude fait de la pêche une compétition, même quand on est seul, et conduit les pêcheurs à se mesurer aux records qui débordent des pages des sites web et des unes de magazines de pêche.

Oui, ce poisson semble effectivement plus gros que le pêcheur – une prouesse qui n'est pas rare.

Usine de pêche

Les magazines de pêche versent de l'huile sur le feu, en encourageant les lecteurs à acheter le dernier cri du matériel et des appâts, et en sous-entendant que s'ils ne le font pas, ils ne seront jamais capables d'égaler leurs copains. Les parties de pêche sont maintenant jugées à ce que contiennent les sacs étiquetés de telle ou telle marque.

Les fabricants ajoutent à cette culture avec des « innovations » techniques encore plus chères, plus propres à attraper les pêcheurs que les poissons. C'est gênant de flâner dans un magasin de pêche et de devoir choisir entre une Predator de 3,5 m ou une Super Spécialist de 4 m, vu que je ne suis ni un prédateur, ni un spécialiste de quoi que ce soit. Je suppose que, comme les tenues de camouflage, elles sont destinées à attirer les pêcheurs soldats et non les « poules mouillées » dont je fais partie.

Je sais pourquoi. Il existe un pacte tacite et impie entre la presse spécialisée et les annonceurs, qui leur permet de bombarder le public pêcheur de produits et de services en tirs croisés. C'est une manière terriblement évidente de promouvoir la culture de l'instant – la pêche comme la cocaïne, si vous préférez – et de répandre l'idée que quiconque ne s'abonne pas ou n'achète pas a tout raté, parce qu'il ne prend pas plus, et plus vite.

Chercher ailleurs

Cette quête du succès immédiat conduit les gens à franchir les frontières. Soudain les carpes ne sont plus assez grosses, pas quand il y a, plus au Sud, des poissons-chats si énormes qu'on peut les appâter avec des carpes.

Mieux encore, il y a tout plein de gens prêts à vous assurer que vous n'aurez rien à faire avec le pays dans lequel vous séjournerez. Vous aurez droit à votre petit déjeuner habituel avant de partir pour votre poste de pêche, pré-amorcé à coup de particules chimiques sexy, et regorgeant de poissons parfaitement obligeants.

(Cela devient vraiment drôle quand ces pêcheurs, habitués aux week-ends clés en main, décident qu'ils sont prêts pour une vraie aventure et partent pêcher, disons, en Mongolie. Ils s'attendent au même genre de produit, mais finissent pourchassés par des ours, sans rien attraper d'autre que mal aux fesses.)

Il y a toujours eu beaucoup plus dans la pêche que le simple fait de prendre du poisson. Il s'agit de se reconnecter au monde, loin de la télé et de l'ordinateur ; il s'agit de se réconcilier avec les averses et les vents glacés ; de prendre des tas de poissons et de rire ; de ne rien prendre du tout et d'en être quand même content. Le monde est suffisamment rapide et compétitif sans que les pêcheurs s'y mettent aussi. Si nous nous joignons à la course, nous ne deviendrons que des consommateurs de pêche et de poissons. Et au bout du compte, cela nous diminuera et diminuera tout ce que la pêche représente. Ce sera notre ruine.

Des filets pleins et des têtes vides : ne jugez pas uniquement le succès de la pêche au nombre de poissons que vous prenez. Une authentique expérience de pêche est à la fois plus subtile et plus gratifiante.

PÊCHER ET CAMPER

Je ne parle pas d'aller camper avec vos copains pour quelques jours et de pêcher de temps en temps. Je parle de camper la nuit pendant que vous pêchez de gros spécimens – carpes, brochets, anguilles et poissons-chats – en vous fiant aux détecteurs électroniques pour les touches.

Mon tempérament me porterait à adorer le style de pêche qui consiste à s'installer dans une petite tente d'une personne, avec un sac de couchage, un camping-gaz et plein d'autres trucs car j'adore camper. Alors comment se fait-il que je ne l'ai jamais fait ?

Pour ceux à qui cette idée n'est pas familière, voici quelques explications. Les gros poissons deviennent gros parce qu'ils sont rusés et difficiles à attraper. Les pêcheurs qui veulent les prendre doivent faire montre d'une patience énorme, en attendant que ces monstres soient dupés par l'appât. Heureusement, des pêcheurs pleins de ressources ont développé un style de pêche qui le leur permet. Ils arrivent, montent, appâtent, lancent et vont se coucher.

Vous avez certainement déjà remarqué ces curieux noctambules un peu partout, grâce à leurs petits dômes verts qui émettent des signaux de fumée ou de terrifiants ronflements. De nombreux pêcheurs restent plus d'une nuit et pêchent avec plus d'une canne, en se servant de lumières colorées ou de sons pour les aider à distinguer laquelle a une touche. Imaginez combien ce doit être désorientant d'être tiré de son sommeil en sursaut et de devoir courir en trébuchant dans le froid. Une chance qu'ils ne tombent pas à l'eau.

Ces pêcheurs qui bivouaquent semblent avoir oublié quelques objets essentiels…

Tous les clubs auxquels j'ai appartenu ont prohibé l'usage de grandes tentes et n'autorisent que les grands parapluies et les tentes d'une personne – également appelées « bivvies ». En quelques occasions j'ai pêché toute la nuit – j'ai du mal à m'arrêter – mais cela n'a pas été très apprécié.

« Dis mon pote, tu peux éteindre ? J'essaye de dormir, moi…

– Désolé, j'appâte juste… j'ai fini dans une seconde.

– QUOI ?? Me dis pas que t'es en train de pêcher ? Espèce de… »

Oui, le fait que vous vouliez pêcher toute la nuit est une idée étrangère aux pêcheurs qui bivouaquent et cause toutes sortes de problèmes. Vous savoir éveillé et alerte pendant qu'ils gisent endormis est vaguement dérangeant car leur approche est davantage celle

Le hamac est parfait pour la pêche – léger, confortable et facile à monter. Il n'abîme pas le sol et vous permet de bien dormir.

d'un ouvrier travaillant la nuit, ou d'un pompier prenant un peu de repos avant la prochaine alerte.

Naturellement l'idée qu'un pêcheur qui bivouaque puisse se plaindre du bruit est hilarante, étant donné les sonneries électroniques de type sirène-de-raid-aérien qu'il a lui-même installées pour se réveiller. Sans parler des tintements métalliques de casseroles, de la radio, et du roulement du chariot qu'il utilise pour tout transporter.

Armes de choix

Je n'ai pêché qu'une fois avec deux cannes et je n'ai pas pu supporter le stress de penser à ce qui arriverait si j'avais une touche sur chacune d'elles en même temps. Les pêcheurs de carpe, de brochet, d'anguille et de poisson-chat semblent prospérer avec cette pression et ont souvent trois ou même quatre appâts à l'eau. Je ne pourrais pas y arriver.

Mais, comme je l'ai dit, j'adore camper sous les étoiles. Mon arme de choix pour ce genre de tâche est le Hamac Hennessy – un hamac ultraléger avec un truc anti-pluie qui se monte en deux minutes. Il est plus confortable qu'un canapé-lit et se replie si étroitement qu'il peut tenir dans la grande poche de mon manteau. Par les nuits chaudes d'été, je n'emporte même pas de sac de couchage, et je m'enroule dans une couverture avec mon coussin gonflable.

Ainsi équipé, je pêche jusqu'à ce que je ne puisse plus me concentrer puis, je mouline, je plante l'hameçon sur le premier anneau de la canne, j'enferme tout l'appât et je vais dormir. De cette manière, je m'éveille avec les premières lueurs quand les poissons sont susceptibles de s'être autant reposés que moi, je me prépare une tasse de thé rapide, je répands un peu d'amorce, je lance et je laisse le jour se lever de nouveau.

L'AVENIR DE LA PÊCHE

Que nous réserve le prochain siècle en ce qui concerne la pêche ? Sera-t-elle marginalisée ou interdite, ou bien le poisson aura-t-il disparu ? Le futur sera-t-il encore plus fantastique ? Je conseille aux fans de science-fiction de détourner les yeux de cette page.

Maintenant que la population piscicole décroît et que le coût du nettoyage des eaux augmente vertigineusement, la science fournit une alternative bon marché aux poissons réels. Une alternative qui permet aux pêcheurs désillusionnés de se multiplier à nouveau, et fait même des heureux parmi les traditionalistes et les abolitionnistes. Je parle des poissons-robots.

Ça a l'air un peu trop beau ? Pas vraiment. Mitsubishi a dessiné un cyber-cœlacanthe de 45 kg en 2002, tandis que le MIT de Boston travaille sur un prototype de brochet. Les visiteurs de l'Aquarium de Londres peuvent admirer trois poissons robots, développés à l'université d'Essex. Mieux encore, au Japon, Ryoumei Engineering a inventé une superbe carpe dorée de 90 cm et 20 kg, à même de stupéfier la plupart des pêcheurs européens.

L'idée d'un poisson-robot contrôlé par ordinateur n'est pas aussi débile qu'elle en a l'air. Bon, peut-être que si.

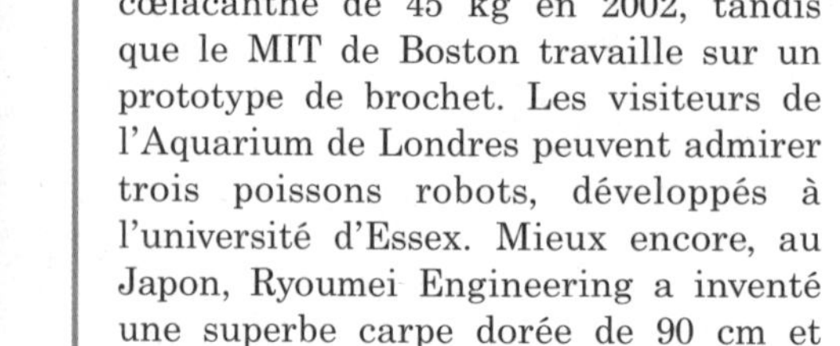

Perfectionner la technologie

Après avoir apparemment résolu le paradoxe de Gray (selon lequel les poissons n'ont pas assez de puissance musculaire pour se propulser à la vitesse à laquelle ils le font), il est sûrement à la portée de nos surdoués de réduire le coût astronomique de ces monstres de métal, en sorte que tous les pêcheurs puissent en profiter. Chaque espèce pourrait être programmée avec sa propre personnalité – le chien robot AIBO de Sony trimballe déjà la sienne sur une carte électronique de la taille d'un demi-chewing-gum. Le poisson-robot connaîtrait tout des cachettes sur une portion de rivière donnée, serait programmé pour ignorer les offrandes des pêcheurs à certaines heures et s'en nourrir à d'autres – et passerait l'hiver enterré dans de la cyber-boue, un composé vivant de nanorobots qui le nettoierait et le réglerait pour le printemps. Le menu fretin robot, bon marché parce que ne nécessitant que peu de données, ferait un tabac, tandis que les plus gros poissons pourraient être personnalisés dans des proportions gigantesques, et devenir pratiquement imprenables avec quelques mises à jour de leur mémoire.

Contrairement à ceux qui les chassent, de tels poissons deviendraient de plus en plus malins sans même agir, et fusionneraient avec la population des vrais poissons, qui, à terme, les révèreraient comme des dieux. Problème résolu.

APPÂTS COMESTIBLES

Étant donné que les pêcheurs sont plein de ressources, il est naturel que de temps en temps ils improvisent pour attraper leur insaisissable proie. Dans un sens, c'est une nouvelle version de l'ancienne question philosophique : qui est arrivé en premier, le déjeuner du pêcheur ou l'appât ? J'ai toujours trouvé utile d'apporter de la nourriture servant les deux objectifs.

Tout ce qui comporte du pain marche bien, vous avez donc l'éventail entier des sandwiches à votre disposition. Le fromage est aussi un appât gagnant, grâce à son odeur forte. Nous avons déjà établi que les poissons ont un sens de l'odorat terriblement développé (voir page 70) et il est à la portée de n'importe quel pêcheur de rouler de la pâte de pain dans un sac de chips goût oignon-fromage, ou bien d'observer que le sandwich au pâté est tout aussi attirant pour les poissons difficiles que le salami épicé. La plupart des en-cas huileux peuvent servir et j'ai attrapé une carpe, une fois, avec des chips goût bacon, soigneusement mastiquées puis séchées au soleil. Les gardons aiment le lait et le chocolat et les carpes adorent les bananes. Je n'ai pas encore trouvé le moyen de faire tenir le yaourt sur un hameçon mais j'y pense.

PÊCHER DEPUIS UN ARBRE

J'adorerais prétendre que cette innovation est de moi, mais l'honneur en revient à deux excentriques pêcheurs anglais – Chris Yates et Bob James – qui, en préparant une séquence pour un programme télé, ont décidé que la seule façon d'attraper un poisson particulièrement gros était de lancer depuis le sommet d'un arbre.

Après l'avoir hameçonné, ils ont dû sauter dans l'eau jusqu'à la taille et y fatiguer le poisson. Vraiment tordant. J'avais l'habitude de regarder ça avec ma fille, qui apprenait à parler. Je lui demandais quelle vidéo elle voulait regarder et elle me répondait « monsieur sauter dans l'eau ». Elle adorait ça.

S'il y a de grands arbres solides autour de l'eau dans laquelle vous pêchez, armez-vous de patience et de jumelles et vous apprendrez un tas de choses sur les poissons, leurs habitudes alimentaires et leurs circuits de patrouille. En laissant tomber quelques morceaux d'appât vous verrez aussi comment ils y réagissent.

Profiter d'une vue surplombante n'est pas le moins du monde injuste selon moi. Si vous vous servez de votre cerveau pour chasser les gros poissons, alors hourrah pour vous, et tant pis pour les poissons.

PÊCHER À LA LIGNE NUE

Comme nous arrivons à la fin de ce livre, nous devons brièvement examiner la méthode de pêche la plus simple de toutes – la ligne nue. Pêcher à la ligne nue requiert une canne, un moulinet, du fil, un hameçon et de l'appât, mais rien d'autre. C'est une des formes de pêche les plus excitantes et les plus accomplies. C'est aussi ma méthode préférée.

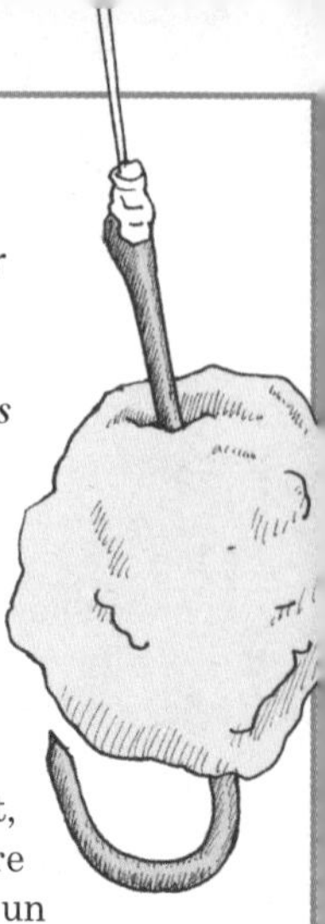

Rien de plus que l'hameçon et l'appât au bout de votre ligne – la pêche dans son plus simple appareil.

Les bénéfices de la ligne nue sont simples – en l'absence de matériel au bout de votre ligne, autre que l'hameçon et l'appât, il s'établit un contact direct entre vous et le poisson durant toute l'action de pêche. La touche en est l'étape la plus importante. Vous devriez essayer de lancer différents montages dans de l'eau claire et peu profonde et patauger ensuite pour examiner comment ils présentent l'appât au poisson. Vos montages peuvent être aussi soigneux que possible, il y aura toujours des entortillements et des frisures qui feront de l'appât un signal d'avertissement pour les poissons plutôt que quelque chose d'attirant.

Il y a moins de risque que cela n'arrive avec une ligne nue et vous constaterez aussi que vous vous accrochez et perdez moins de matériel. Mais c'est la sensibilité que les pêcheurs apprécient, cette ligne directe entre vous et le poisson, comme un circuit électrique qui se termine avec la prise de l'appât. Quand vous pêchez à la ligne nue, vous pouvez sentir chacune des secousses du plus timide des poissons. Et quand la lutte commence, le poisson n'est pas assommé toutes les dix secondes par un gros plomb tournant sur un pater-noster.

L'appât fait moins de bruit quand il frappe l'eau. Je connais des pêcheurs qui croient que le son d'un feeder chargé d'amorce avec un plomb de 80 g piquera la curiosité de tous les poissons à la ronde, mais je pense que trop de bruit repousse autant de poissons que cela en attire. Rappelez-vous que les poissons sont très sensibles au bruit et qu'ils cherchent leur nourriture grâce à lui. Et rappelez-vous aussi qu'il y a une différence entre sonner la cloche du dîner et taper sur une casserole.

Pour finir, quand vos copains pêcheurs (qui achètent les bas de ligne les plus sophistiqués et les plus chers) sont bredouilles, votre approche radicale prend des allures caractéristiques d'atout gagnant avec un poisson stupéfiant.

Dabbing

Pêcher avec un gros insecte à la surface de l'eau est ce qu'il y a de plus efficace avec une ligne nue – une technique appelée « dabbing ». Approchez à pas de loup du bord et quand la canne est en position, relâchez l'ergot d'enroulage et abaissez doucement l'appât vers la surface. Si le poisson prend l'appât, ce sera à une encablure de bras seulement.

LE DERNIER LANCER

Il y aura un moment pour chacun de nous où nos facultés ou nos sens seront trop affaiblis pour continuer à pêcher. Cette flamme qui brûle en chaque pêcheur s'éteindra tout simplement.

Je me demande si je le saurai, tout en me frayant un passage dans les fougères hautes vers un petit coin plat, là où la rivière glougloute sur les graviers avant de s'étaler de nouveau en eaux profondes. Il y a deux ans encore j'aurais essayé de traverser le bassin au-dessus, dans lequel on pêche rarement, mais maintenant, avec mon autre hanche refaite, je ne suis pas sûr de pouvoir revenir par le même chemin. Encore un endroit où je ne pêcherai plus, une croix de plus sur la carte.

Je pêche moins et moins souvent ces derniers temps, parfois parce que ma fille ne peut pas me véhiculer mais plus souvent parce que je n'en ai pas envie. À chaque sortie je me demande – est-ce la dernière fois que je viens ici, est-ce la dernière fois que je me penche pour préparer de l'amorce, la dernière fois que je lève la main pour saluer silencieusement le pêcheur sur la rive opposée ? Les matins froids ne me manqueront pas, ça c'est sûr. Ni la sensation de mes genoux raides et douloureux pendant les premiers cent mètres, ni ce fichu échalier sur le chemin.

Bien sûr que si. Je suis l'homme qui aime tout de la pêche. Je suis l'homme qui aime même remballer.

Je pêche au poser ces jours-ci, car j'ai du mal à voir le flotteur et le moulinet à tambour tournant est trop minutieux à contrôler, mais ça ne fait rien. C'est une technique qui m'a toujours valu de plus gros poissons, bien que maintenant j'aie peur d'en prendre un de taille décente tellement ça m'épuise. Je pense parfois à la pêche zen – pêcher sans appât, faire une petite sieste au soleil…

Je me demande si je le saurai. Est-ce que cela viendra dans un moment de clarté sur la berge tandis que le soleil disparaîtra derrière les arbres, ou bien quand je regarderai un gros chevaine s'enfuir au loin pendant que je m'essuierai, tout content, les mains sur un chiffon ; ou bien encore quand je serai assis sur le parking, en attendant que ma fille vienne me chercher ?

« Tu t'es bien amusé Papa ?

– Oui, merci »

Elle me presse doucement le bras et, soudain, je sais. Juste comme ça. Sans fanfare, ni photo pour immortaliser le moment. Bien qu'il ne soit vieux que de quelques minutes, je ne me souviens pas plus de mon dernier lancer que de mon premier, mais je sais que ça y est. J'en ai fini avec la pêche.

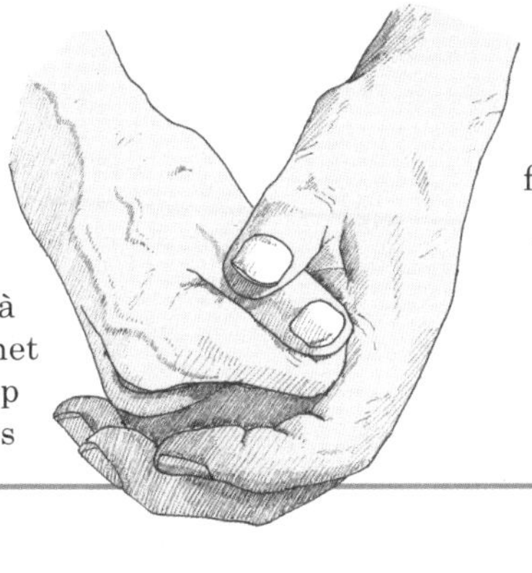

INDEX

À mon père et ma mère, leur garçon, qui pêche toujours.